解讀易經的奧祕 — 卷 — 一

易經真的很容易。

風靡中國十億人口
知名大師

曾仕強
教授◎著述

國家圖書館出版品預行編目資料

解讀易經的奧祕. 卷一, 易經真的很容易 / 曾仕強 著述. 陳祈廷 編著. -- 初版. -- 臺北市：曾仕強文化出版, 2014.09
面； 公分
ISBN 978-986-89499-6-6（平裝）
1.易經 2.研究考訂
121.17 103018626

解讀易經的奧祕・卷1

易經真的很容易

作　　者　曾仕強
發 行 人　廖秀玲
編　　著　陳祈廷
總 編 輯　陳祈廷
管 理 部　吳思緯
行 銷 部　邱俊清
主　　編　林雅慧
編　　輯　李秉翰
出 版 者　曾仕強文化事業有限公司
地　　址　台北市中正區重慶南路一段57號8樓之14
服務專線　＋886-2-2361-1379　＋886-2-2312-0050
服務傳真　＋886-2-2375-2763
版　　次　2023年1月二刷
I S B N　978-986-89499-6-6
定　　價　新台幣550元

【作者簡介】

曾仕強 教授

英國萊斯特大學管理哲學博士、台灣交通大學教授、與國管理學院首任校長、台灣師範大學教授、人類自救協會創會理事長、新人類文明文教基金會榮譽董事長。

曾教授學貫古今，數十年來醉心於中華文化和西方現代管理哲學之研究，在國學、企管、哲學、教育等諸多領域上，皆有極高深的造詣。三十年前，世界五百強企業尚無中國企業能躋身其間，曾教授便已洞察趨勢，率先提倡「中國式管理」學說，被譽為「中國式管理之父」。迄今，曾教授已巡迴全球，完成逾五千場以上之演講，為臺灣生產力中心調查「最受企業界歡迎的十大講師」之一。

近年來，曾教授應大陸中央電視台邀請，至「百家講壇」欄目，主講「經營之神胡雪巖的啟示」、「易經與人生」等主題，收視率勇奪全國之冠；二〇〇九年主講「易經的奧祕」系列；二〇一一～二〇一二年主講「易經的智慧」、「點評三國演義」；二〇一二年主講「道德經的奧祕」、「道德經的玄妙」，內容風靡全中國，不僅掀起一股國學復興浪潮，更被評選為第一名的國學大師。

曾教授著作有：《易經的占卜功能》、《易經的乾坤大門》、《人人都不了了之》、《易經的中道思維》、《中國式管理》、《總裁魅力學》、《樂天知命的無憂人生》、《修己安人的領導魅力》、《為官之道》、《道德經的奧祕》……等數十本，其中《易經的奧祕》一書銷售量已突破五百萬冊，高居台灣與大陸各大書店文史哲類暢銷排行榜總冠軍。

前言——代序

《易經》的道理，看起來非常艱深，實際上十分簡單，否則憑什麼叫做「易」經呢？

宇宙萬象千變萬化，可以用「錯綜複雜」來描述。在這錯綜複雜的現象背後，有一個簡單明瞭的宇宙秩序，也就是變化的原則，稱為「一陰一陽之謂道」。

一陰一陽，指的是兩個符號。「⚋」代表「陰」，而「⚊」表示「陽」。說它們不一樣，就真的不相同——陰是中斷的，而陽則是沒有中斷的；說它們一樣，也就真的相同——陽是一小段直線，陰不過是再加上一小段直線，有什麼不一樣？這就產生了「物極必反」的概念，一個「⚊」算「陽」，再加上一個「⚊」，變成「⚋」。反過來一個「⚋」是「陰」，再加一個「⚋」，變成「▪▪▪▪」，太多也太密了，乾脆連接在一起，不就成了「⚊」，便是「陽」了。於是又引申出「事不過三」的概念——四太多了，限制在三以內。伏羲氏只畫三畫卦，不畫四畫卦，影響到後代子孫，謹守「無三不成禮」的原則。

用現代的話來說，用「0」（陰）和「1」（陽）兩個數字，在電腦上玩排列組合的遊戲，就相當於伏羲氏當年，用「⚋」（陰），「⚊」（陽）兩種符號，玩排列組合的遊戲，每卦由三個符號組成，每一個符號都有「⚋」和「⚊」兩種可能，於是出現了八種不同的組合，那就是「☰」、「☷」、「☴」、「☲」、「☱」、「☳」、「☵」、「☶」，即為「八卦」。一個不能多，也一個不能少。

伏羲氏是一個人的名字，還是一群人的代表？我們可以不必管它，留給考古學家傷腦筋。甚至於根本沒有這個人，或者那時候的人類還沒有取名字的習慣，也不干我們的事。

我們只知道，伏羲氏畫卦，目的是為了解開宇宙人生的奧祕。透過占卜的符號遊戲，來推行教化。沒有把「神」搬出來，說「神」是一切的主宰，使我們得以進入「人本位」的大門，卻沒有「神本位」的想法——中華民族有信仰而沒有宗教，和《易經》有十分密切的關係。我們對於「神」的認識，相對也很單純，覺得神奇、神妙、神靈、神明，並沒有太大的威勢。只要敬而遠之，便可以相安無事。

我們把「道」看得比「神」更重要。《易經》指出：道有「天道」、「人道」、「地道」。人居於天地之間，必須頂天立地。上半身依「天道」，下半身重「地道」。下學地道的種種知識，以求活命；上達天道的精神修養，來提升人生的價值。「道」至少有三種層次：最高是「不可說的」；其次是「很難說的」；還有「可以說的」。「可以說的」部分，我們就把它稱為「秩序」、「規矩」、「制度」、「法則」。

在伏羲氏的時代裡，人類生活在自然狀態中。伏羲氏藉由觀察大自然種種景象，創造一陰（⚋）一陽（⚊）兩個符號。將人類比較熟悉、和生活密切相關的八種景象，以八卦來表示。告訴大家應該遵守的規矩與必須保持的秩序，從共同認可的法則中，建立起若干制度，實在有很了不起的貢獻。

周文王看到商紂王暴虐無道，人民無辜受苦，惟恐好不容易建立起來的政治理念和社會秩序，遭受扭曲破壞而逐漸喪失或造成錯亂，於是把八卦兩兩相重，兩個單卦重疊起來，成為六十四個重卦。八八六十四，同樣是排列組合的必然結果。一個不能多，也一個少不了。

他把畢生累積的寶貴心得和難得經驗，透過卦辭和爻辭，分別加以註解。利用大眾關心未來變化，又喜歡趨吉避凶的心理，設計出一套占筮的方法。一方面掩飾自己的用意，以逃避紂王的迫害；一方面也經由占卜，推廣宇宙秩序的觀念，使其繼續發揚光大。

周朝創立之後，設置正式的占筮官員，每遇國家大事，便占卜成卦。相當於向君王做一次政治哲學的專題報告，也促使大家對天人合一有進一步的認識。由此可見，周文王以神道設教的苦心，令人由衷敬佩。

孔子生長在混亂的春秋時代，對於亂臣賊子的不守秩序十分厭惡，對於暴君汙吏的橫征暴斂更是深惡痛絕，於是根據《魯史》而作《春秋》，目的在使亂臣賊子心生畏懼而改變作為。但是作《春秋》原本是天子才能做的事情，孔子不是天子，唯恐別人說他僭越，所以有「知我者其惟春秋乎！罪我者其惟春秋乎！」的感慨。後來他研究易理，既欣賞周文王以神道設教的方式，又擔心占卜被誤用，搞不好就會造成嚴重的迷信。因為盲目接受占卜的結果，等於放棄了可貴的自主性和創造力，對人生的意義和價值，都會造成負面的影響，所以孔子為《易經》作傳，希望能把《易經》的道理，說明得更加符合時代的要求。

孔子生時，距離周文王重卦，已經有五百年之久。種種變遷，使他不得不說出一些和卦爻辭不一樣的話。他的重點，在於把宇宙秩序和人生規律，更加緊密地連結起來，並且加強道德實踐的重要性，把它視為趨吉避凶能否有效的根本要素。後人把這些註解《易經》的傳，稱為「十翼」，因為全部算起來，剛好有十種，好比為《易經》添加了十隻強而有力的翅膀，從此振翼高飛，可以發揮大用了。我們把易理的弘揚，當做大用；而將占卜的功能，看成小用。希望大家多多研究易理，透過「象」、「數」、「理」的連鎖作用，來掌握未來的變化，尋求趨吉避凶的有效途徑。

「象」就是現代常說的現象，「數」代表我們十分重視的數據，而「理」便是依據現象和數據，推論出背後的道理。說出為什麼會這樣？而又必然產生哪些後果？現代人把這種過程稱為「推理」。

推理和占卜，其實可以聯合運用。資訊充足、數據準確時，當然方便推理。若是資訊不足、數據缺乏，而自己又拿不定主意，或者左右為難，以致搖擺不定時，則可以藉由占卜，來找到自己的定位。對尋求此時、此地、最合理的平衡點，有很大的助益。

前述針對《易經》的介紹，是不是完全符合真實狀況，我們並沒有十足的把握。其實，經歷過如此漫長的歲月，對於歷史的真實狀況，恐怕誰也沒把握能說得準確。我們只是按照象、數、理的連鎖作用，把它推論出來，為易學的傳承略盡一份微薄的心力而已。

歷史看似由一、二人創造出來的，但實際上，卻是由當代所有人所共同撰寫的。「我們正在寫歷史」，這句話真正的意思是：我們每一個人，都在寫一部分的歷史，把它叫做「共業」，並沒有什麼負面或者神祕的意味。

易學經過伏羲、文王、孔子三位聖賢，接棒跑了三千五百多年，才有輝煌的成果。孔子以後，每一個時代，仍有許多有志之士，前仆後繼，不斷地研究發展，經歷了兩千多年，還是有許多對易學懷抱熱忱的中國人，由於看不懂、聽不明白，也想不通《易經》的道理，不得不望易而興嘆，與易學擦身而過。

近四百年來，西方文化成為引領世界的主流。炎黃子孫誤以為把易學束之高閣、拋諸腦後，並沒有什麼大不了的損失。如今冷靜下來，權衡得失，才發現由西方主導的結果，竟然是浪費地球能源、破壞自然生態、漠視社會正義、欺壓弱勢族群。這才猛然覺醒，是不是應該回頭看看古老的《易經》？能夠經歷如此久遠的歲月，還讓後代子孫捨不得丟棄，是不是另有一番道理？二十一世紀是易學的世紀，我們恭逢如此難得機會，抱著班門弄斧、何德何能的慚愧心情，嘗試做出「人人看得懂」的易學叢書，深切盼望各界先進朋友，不吝賜教為幸。

曾仕強 謹識於台灣師範大學

編者序

《易經》為群經之始，是古聖先賢最重要的智慧結晶，也是中華民族在早期悠遠的文化發展歷程中，探索「宇宙自然」與「人類生存」律則的經驗成果，並將之昇華為精微奧妙、言近旨遠的哲理思想。

中國歷代統治者皆奉《易經》為圭臬，皆以易理來統御國家之事、君政之事、民政之事，並進而將一己的政治前途、升遷沈浮、吉凶禍福，與《易經》所倡導的「天理」、「天人合一」等基本原則相互結合，從中尋求人生解答或扭轉命運的良方。歷史上秦皇漢武、唐宗宋祖等明君，以及歷代名臣謀士，舉凡有所建樹的政治家、謀略家，無不深受《易經》的影響。

其實，龍的子孫正是易的民族。中國人隨時隨地都在活用《易經》，只是日用易而不知矣！因為《易經》距離我們已有數千年之久，許多人會認為《易經》博大艱深，是難以一窺堂奧的，且讀者在實際翻閱《易經》時，會發現其中有許多文字詰屈聱牙，不易頌讀，於是便束之高閣，放棄學習。為了不讓中華文化中最寶貴的經典被埋沒，我們特地使用現代的語言和觀念，來重新詮釋這部對華夏子孫影響深遠，可謂思想原點的——《易經》。

書中，曾教授秉其研究《易經》30餘年的經驗，以突破傳統的模式撰寫，用最深入淺出的論述，將《易經》這部古老經典生活化、實用化，期能收淺顯易懂之效，將古聖先賢的文化與智慧，傳承予後代子孫發揚光大，並謹將本書系定名為「解讀易經的奧祕」，與所有熱愛中華文化的朋友們共同分享。

曾仕強文化總編輯　陳祈廷

目錄

《第一章》

易經
是什麼樣的學問？

易經是「天人合一」的學問，
有助於人類與自然的和諧共存。

是「精確定位」的學問，
能達成新舊接軌、中西定位的目標。

是「未來變化」的學問，
把定位和時間的變遷因素一併考慮。

是「趨吉避凶」的學問，
使我們能明白是非，做好正確的選擇。

是「以德為本」的學問，
道德修養可以改變我們的命運。

是「永續經營」的學問，
宇宙人生都應該生生不息，繼舊開新。

一・是一門天人合一的學問

很多人懷疑，我們的祖先有那麼高的智慧？在古老的、什麼科學基礎都沒有的時代，一下子就能創造出這麼高明的《易經》，是怎麼做到的？

我們常說「神仙中人」、「神乎其技」、「神奇不測」。《易經》很可能是「神來之筆」所留下來的痕跡，透過「神道設教」，使大家逐漸「神而明之」，達成「神機妙算」的效果。只要對「神」不「神經過敏」，便能「神通廣大」地「神之又神」，過著「神怡心曠」的美好日子。

人可以略分為兩種：一是「萬物之靈」、一為「萬物之賊」。「萬物之靈」能夠研究天道，探索宇宙自然的道理，把它應用於實際的日常生活之中。換句話說，也就是具有天地萬物合一的「天人合一」觀念，使百姓尊敬如神；後者則仍然存有「人同獸爭」的舊觀念，只知道以科技代替人力，來戰勝其他動物，導致環境破壞、物種大量消失，當然會被歸類為萬物之賊。

天人合一是自然與人類和諧共存的美好境界，不但可以消除天人交戰的緊張與焦慮，而且能夠調和人文與科技的異質相通，在科技發達的現代，尤為重要。

《易傳》告訴我們，大自然的變化，並不是由於某種超然的或外在的動因所造成。它的變化，是由於宇宙的原動力，也就是陰和陽的互動、交感，可以說是天人互動、交感的結果。我們必須在「天定勝人」和「人定勝天」的合一中，找出「人之所以為人」的合理定位。在敬天、順天、事天的大原則下，發揮人類的潛力，謀求天下太平。

- **天**
  - 西周以前，天就是上帝
  - 孔子以後，天代表自然
  - 天的功能，在運行與生長
  - 自然的道理，稱為天道
  - 人最好要知天命
- **人**
  - 萬物之靈 — 中人以上
  - 萬物之一 — 中人
  - 萬物之賊 — 中人以下

天人合一

- 人與自然和諧共存
- 消除天人交戰的緊張與焦慮
- 調和人文與科技的異質相通

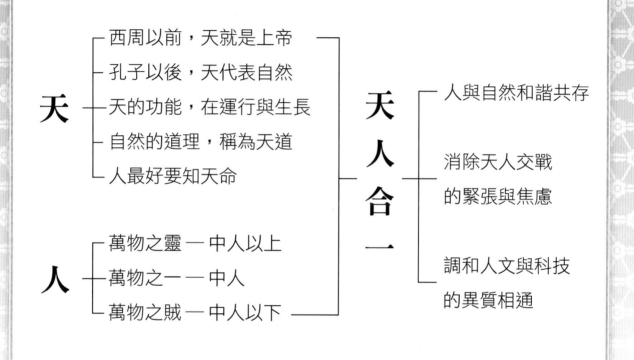

二、是一門精確定位的學問

當今地球村時代，大家最期待的，莫過於「新舊接軌，中西定位」。我們認為現代人的定位，最好能達到這樣的目標。

近百年來，我們飽受「求新求變」的折磨，盲目地把「新」當作「進化」的象徵，斷定一切舊的都不如新的。殊不知《易經》的「易」字，一方面有「變易」的意思，而另一方面，也有「不易」的需求。凡是盲目求新、一昧地求變，便是只看到「變易」，卻嚴重地忽略了「不易」。

「不易」是常則，這種變中之常，是超越時空，無所謂新舊的。《易經》的「經」字，便是指不變的道理，必須經常當做遵守的法則。我們最好明白：「生活的方式可以變，而生活的法則不能變。」這種持經達變的精神，有所變也有所不變，才是值得長期保持的「應變」（意思是應該變的才變，不應該變的不能變），以期找出精確的定位。

中西文化，各有不同的取向和內涵，合乎陰陽互動共存的道理。有時「東風壓倒西風」，有時「西風壓倒東風」，這才符合「風水輪流轉」的法則。現代出現某些「西方文化消滅東方文化」，或「東方文化融合西方文化」的主張，並不符合「多元互動」的需求，顯然不可行。

《易經》的「易」字，另外有一個「交易」的意思——中西文化做出合理的交易，屬於正常良好的現象。但是要求融合為一，不必要也不可能。在全球化的浪潮中，各自扮演合理的角色，以和合、和平、和諧的精神，爭做世界文化主流。彼此精確定位，各領風騷，才是不易的道理。

定位

- **目標**
  - 新舊接軌－歷史有連續傳承
  - 中西定位－風水輪流轉
- **原則**
  - 不易－生活的法則不能變
  - 變易－生活的方式可以變
- **交易**
  - 在和平、和諧中，尋求中西和合
  - 各自精確定位，爭做世界文化主流

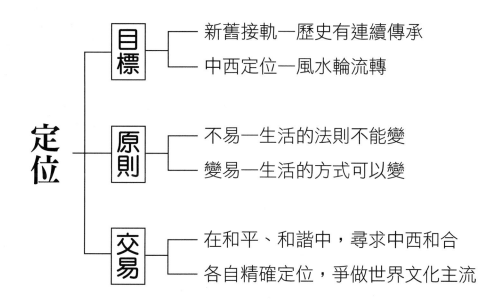

三．是一門未來變化的學問

定位之後，又會產生很多的變數，造成很大的干擾，所以必須再度定位，才能合理。《易經》提示很多有關「反覆」、「往來」、「周流」、「進退」、「剛柔」、「盈虛消長」、「窮通變化」的觀念，告訴我們「不斷變化」就是未來的最大特性。因為自然中的事物，必然是依循著陰、陽兩種原動力，而持續互動、交感著，所以變化無窮。

《易傳》指出「一陰一陽之謂道」；電腦問世之後，0和1的變化無窮，構成浩瀚無邊的網際網絡——其實上述兩種說法殊途同歸，都是在描述陰（0）、陽（1）的不斷變化。未來的變化，有一定的規律，便是我們常說的「道」。《易經》最基本的信念，即在整個宇宙，都井然有序，有如中國人的交通，看起來雜亂無章，實際上卻亂中有序，我們的歷史，看起來千變萬化。單單一部《三國演義》，就變化無窮。然而仔細體會，原來和《三國演義》開頭所言「分久必合、合久必分」，有十分密切的關係。

未來會變化，因此需要預測。但即使預測得再準確，測定後仍然會產生變化，所以測不準。既然測不準，又何必要測？《易經》的觀念，就是雖然測不準，但還是要測。至少能幫助我們明白當前的處境和未來可能的變化，再加以合理的調整。一旦我們對未來變化的掌握度增加，那麼風險性也就能夠大幅降低。

占卜的功能，在預測未來變化方面顯得十分重要。它不是迷信，而是透過占卜的過程，引發我們的第六感，然後據以做出判斷，以求合理的選擇。目的在於趨吉避凶，別無他意。

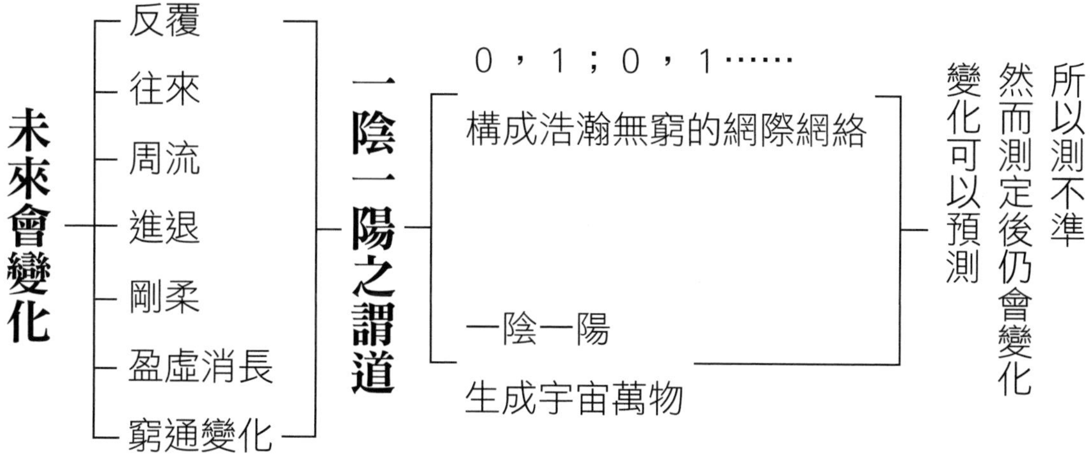
未來會變化
反覆
往來
周流
進退
剛柔
盈虛消長
窮通變化
一陰一陽之謂道
0，1；0，1……
構成浩瀚無窮的網際網絡
一陰一陽
生成宇宙萬物
所以測不準
然而測定後仍會變化
變化可以預測

四。是一門趨吉避凶的學問

我們常說：「萬金難買早知道」，因為宇宙的秩序是有機的，並不是機械的。「一切有定數」的真實意義，在於「不想改變時，依照原有的定數，循序漸進；想要改變時，原有的定數可以改變」，期間的變或不變，其實也是一種定數。換句話說，人如果發揮自由意志，就可以做出有效的改變，和「創造論」的主張十分接近；人若是放棄自由意志，完全聽從命運的擺佈，那就成為「命定論」的一員，怨不得天，也尤不得人。

《易經》透過卦象和卦辭，提示我們趨吉避凶的道理。宇宙萬象，實際上都遵守一定的軌道，並且各有一定的限度。這一定的軌道和限度，便是《易經》的「不易」法則，我們在「變易」的現象中，找出「不易」的法則，自然能對本末、先後、輕重、緩急，產生合理的辨別，並據以做出正確的選擇，期能趨吉避凶。在日常生活當中，我們時常聽到「早知道，我就不會這樣做」、「早知道有今天，我當時就會做出不一樣的選擇」之類的感嘆，實際上這就是不明事理、難以趨吉避凶的不良後果。吉凶往往是事後才呈現出來的結果，並不是事先能掌握的。所以研究易理，尋找趨吉避凶的途徑，便是研讀《易經》的重要目的之一。

人生而有命，如果連命都沒有，怎麼活得成？但是命不是直線前進的，而是有多重選擇的。人生的命運，決定於自己的選擇，我們才是自己的主宰，經由慎重的選擇來趨吉避凶，便是最有效的改命途徑，人人都能走得通。

但是，凡事只求趨吉避凶，難免投機取巧。我們倘若為了投機取巧，而尋求趨吉避凶，那就不是正當的心態。關於這一點，務須格外小心為妥。

人生下來就有命 — **一切有定數**

- 不想改變 就依定數而行
- 想要改變 自己就可以改變

— **命運是我們自己選擇的歷程**

- 選對了 — 趨吉
- 選錯了 — 找凶

— **易經透過卦象和卦辭**
引導我們趨吉避凶

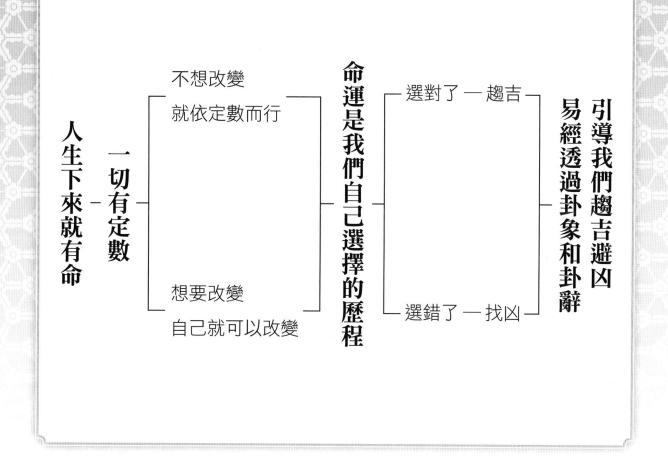

五・是一門以德為本的學問

《易經》所用的辭句大多隱晦不明，歷來各家解釋又多牽強附會，使得讀《易經》有如解謎語，以致許多人敬而遠之。實際上，《易經》的最高指導原則，就在「積善之家必有餘慶，積不善之家必有餘殃」（坤卦文言）。意思是多做好事、積累善行的人家，一定會有充裕的喜慶；常做壞事、積累惡行的人家，一定會留禍殃給後代子孫。這席話有如現代的交通號誌，綠燈通行而紅燈停止，是不需要證明、自然如此的。如果懷疑這個道理的真實性，恐怕再怎麼努力研習《易經》，也是枉費時間精力，毫無用處。

占卜得再精準、選擇得再正確，也不能保證效果必然良好。這當中的變數，主要是關乎品德修養與行善或作惡。〈繫辭上傳〉中提出「一陰一陽之謂道」，緊接著說「繼之者善也」——一陰一陽的相互對待和作用，是萬物的根本，我們把它稱之為「道」；而繼承道的開創萬物，便是「善」。這裡所說的「善」，是絕對的，並不與「惡」相對立。中國人自古以來，普遍具有高度的上進心，也就是向上心。「上」和「善」同音，我們可以說成「善進心」或「向善心」。人人都有向善的善進心，不必向外尋求。我們一方面以「人」為本，一方面以「德」為本，便是把道德修養看成做人的根本。〈繫辭下傳〉指出：天地最偉大的德性是化生萬物，聖人最珍貴的是崇高的地位。而此兩者皆是以仁德和道義來維持的。人類在食、色兩種本能之外，還有仁義，成為和一般動物不一樣的特性。「德本財末」、「德本才末」，是《易經》給我們的重要觀念。對於一切向錢看，又特別重視才能的現代人來說，應該顯得十分有意義。

以德為本

- 德本財末
- 德本才末

一陰一陽之謂道，繼之者善也

- 上（善）進心
- 向上（善）心

積善之家必有餘慶

積不善之家必有餘殃

- 人除了食色本能
- 還有仁義之心

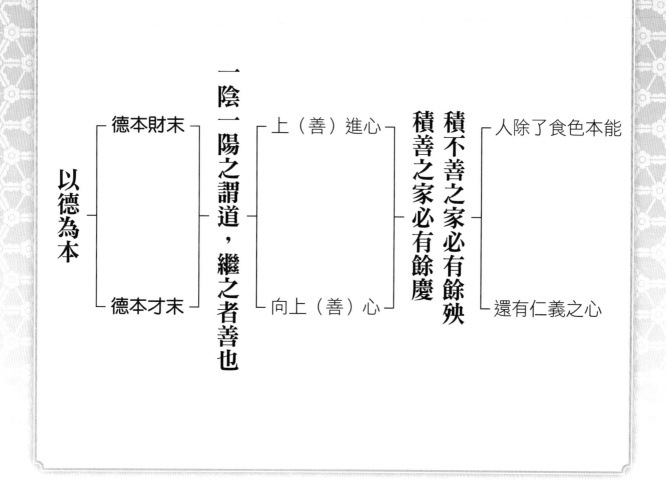

六、是一門永續經營的學問

《易經》的宇宙觀，是把宇宙視為有機的整體，生生不息。《易經》的八卦，代表宇宙大家庭的基本成員。「乾」象徵父親，「坤」表示母親。「震」為長子，「坎」為次子，「艮」為么子。「巽」為長女，「離」為次女，「兌」為么女。這乾、坤、艮、兌、震、巽、坎、離，相當於宇宙家庭的一家八口。成員雖然不多，卻能夠相互交感而持續繁衍，生生不息。

「生生不息」用現代話來說，便是「永續經營」——不但我們這一代要過得好，也要讓後代子孫能夠過好的生活。今日的環境保護、生態保育、節能減碳等，都是人類追求永續經營時，在生活上的必要措施。《易經》指出八卦相乘，化為六十四卦，代表生生不息，其基本原則即在於「致中和」。

當今地球村時代，和平與發展必須相輔相成，缺一不可。「和」的思想，不能只是一種願望、祈求或理念，應該落實在現實生活中。唯有「和而不同」，才能有效化解全球化與本土化的衝突和抗爭。世界要和平、人民要合作、國家要發展、社會要進步，人類就必須努力「致中和」。

近四百年來，由西方主導，大家認為理所當然的價值取向、文化目標、普世要求，已經造成科技發展、經濟成長和文明交會失去控制的亂局。導致地球村能源被浪費、自然生態被破壞、社會正義被漠視、弱勢族群被欺壓。地球村想要永續經營，就必須發揚《易經》的精神，才能再度燃起希望。

《易經》在「既濟」卦之後，出現「未濟」卦，象徵生生不息，終而復始。天地之大德曰生，人類仍需要自己致中和，才能獲得天祐。

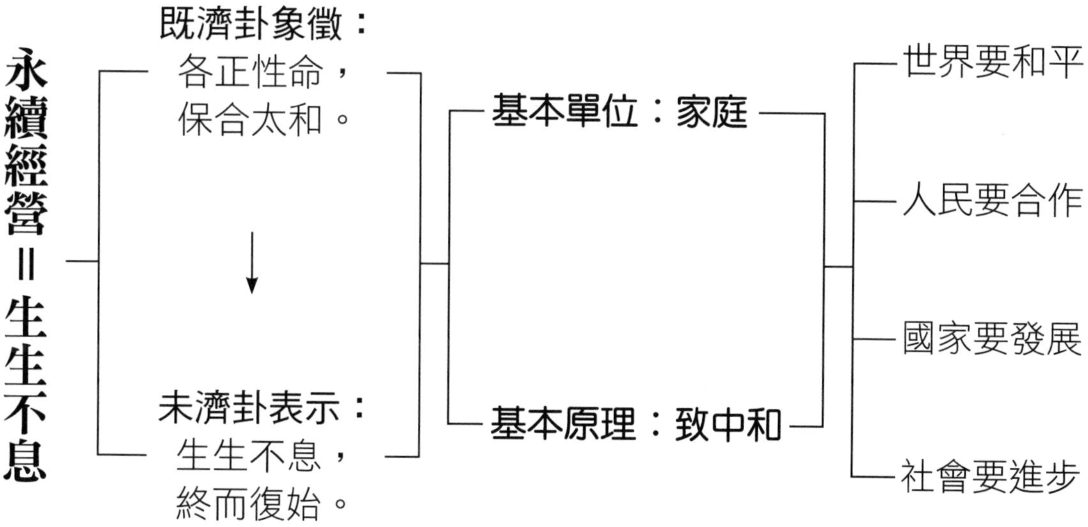
永續經營＝生生不息
既濟卦象徵：
各正性命，
保合太和。
未濟卦表示：
生生不息，
終而復始。
基本單位：家庭
基本原理：致中和
世界要和平
人民要合作
國家要發展
社會要進步

我們的建議

1 大自然的變化，並非由於外在的動因所造成，而是一陰、一陽互動交感所產生的結果。我們是自己的主宰，必須為自己的所作所為，負起全部的責任。

2 定位就是守分，每一個人都做好自己分內的事情。不應該改變的原則，就必須遵循；應該改變的方式，就要適時做出權宜改變。有所變、有所不變，才能獲得精確定位。

3 未來會變化，主要的控制力量，在於我們自己的心。心想事成的先決條件，在於遵守自然規律。所以敬天、順天、事天，透過占卜來引發第六感，可以掌握未來的變化，當然也還是有若干風險性必須承擔。

4 心想事成，決定未來的變化。我們透過卦象和卦辭，力求趨吉避凶，以減少「早知如此，何必當初」的遺憾。雖然人生而有命、有定數，仍然可以透過努力加以改變，所以選擇自己所要走的路十分重要。

5 降低風險性的最佳方式，其實不是買保險，而是要提昇自己的品德修養，多做善事，多積德，多多發揚我們的向上（善）心、上（善）進心。以德為本，是做人的不二法則。

6 現代人應當把《易經》中「一陰一陽之謂道」和「繼之者善也」的道理，從家庭中開始實踐落實，乃至於國家、地球村、全宇宙，從中體會中和之道，以期化解全球化和本土化的衝突。促使和平與發展的相輔相成，應該是人類永續經營的有效途徑。

《第二章》

為什麼
天人可以合一？

天那麼高，人這樣渺小，
即使有了人造衛星，也很難天人合一。

《易傳》稱為十翼，表示有十隻翅膀，
明白《易傳》的道理，相當於內外合一。

將外在的世界，納入人的內心，
用道德精神，來點化理想人格。

透過「人」和「天」的交感互動，
把人事問題與自然現象合而觀之。

從自然天道尋找人類行為的合理途徑，
用模擬萬物的型態和事理來輔導眾人。

天人在我們的內心合一，
人發自內心敬天、順天，自然天人合一。

一・請先瞭解幾個基本概念

織布時縱的絲線為「經」、橫的絲線為「緯」。「經緯」後來被引申為「綱紀」，也就是不容輕易改變的基本原則。漢朝時以「易」（易經）、「禮」（禮經）、「書」（書經）、「詩」（詩經）、「樂」（樂經）、「春秋」（春秋經）為六經，但由於《樂經》早亡，現只存五經。

《易經》原名「變經」，可能是擔心讀者望文生義，知變而不知常，所以改稱《易經》，希望讀者能兼顧「變易」和「不易」的道理，以求持經達變。堅持原則（經），卻能夠因人、因事、因時、因地而通權達變，尋找出合理的平衡點。易中有「經」也有「傳」，「傳」是用來解釋《易經》的。古人說《易經》，常把「易傳」也涵括在內。「卦」是懸掛的意思，把宇宙間一切自然現象，用八種符號，也就是八卦來標示，每一種符號可以代表幾十種事物。八卦兩兩相重，形成六十四卦，代表更多的變化。

八卦由三個符號所構成，六十四卦由於八卦兩兩相重，所以各有六個符號。基本符號則只有兩個：（⚊）為陽，（⚋）為陰。卦是由下向上讀的，（☰）陽陽陽代表天，（☷）陰陰陰代表地，（☶）陰陰陽表示山，（☱）陽陽陰表示澤，（☳）陽陰陰即為雷，（☴）陰陽陽即為風，（☵）陰陽陰便是水，（☲）陽陰陽便是火。所有六十四卦，都是由陰（⚋）和陽（⚊）兩種符號組合而成，既整齊又美觀。

每一個符號，都成為一「爻」。八卦各有三「爻」，六十四卦每卦各有六「爻」；爻意指「交錯」。藉由陰（⚋）陽（⚊）的交錯，構成不同的卦象。

六「經」（綱紀、常則）

- **易經**
  - **經**
    - 上經
    - 下經
  - **傳** — 解說易經的道理
  - **卦** — 把自然現象懸掛起來，便於觀察
  - **爻** — 藉由陰（--）陽（—）兩種符號交錯，以組成不同的卦
  - **八卦**
    - 天 ☰ 陽 陽 陽
    - 山 ☶ 陽 陰 陰
    - 雷 ☳ 陰 陰 陽
    - 水 ☵ 陰 陽 陰
    - 地 ☷ 陰 陰 陰
    - 澤 ☱ 陰 陽 陽
    - 風 ☴ 陽 陽 陰
    - 火 ☲ 陽 陰 陽
  - **六十四卦** — 八卦兩兩相重
- **禮經**
- **書經**
- **詩經**
- **樂經**
- **春秋經**

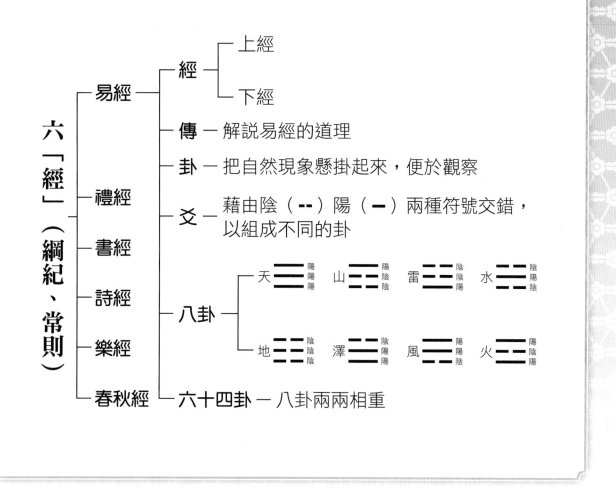

二、學易經最好先研讀易傳

《易傳》是用來闡述、解釋《易經》的，共分為七個部分：

1〈彖傳〉上下兩篇——《易經》六十四卦，每卦都有〈彖曰〉，也叫做〈彖辭〉。「彖」是「斷」的意思，「彖辭」則是用來論斷一卦的卦象、卦德和六爻的排列。

2〈象傳〉上下兩篇——每卦的「彖曰」後面，緊接著是「象曰」，稱為「大象」，總論這一卦的象。每一卦有六爻，爻辭後面的「象曰」，叫做「小象」，分論這六爻的象。「象」的功能，在模擬萬物型態和事理。

3〈繫辭傳〉上下兩篇——「繫」的意思是聯絡，把易道的義理聯繫起來，相當於《易經》的總論或通論，並不侷限於哪一卦或哪一爻。上篇以形而上的道體為主，下篇以形而下的器用為主，合起來可以稱為「易大傳」。

4〈文言傳〉一篇——乾卦和坤卦，是六十四卦的第一和第二卦，稱為「易的門戶」，其餘六十二卦，都是由這兩卦互動、交感所形成。易道變化、陰陽交易，都以乾坤為本。這兩卦的卦辭和爻辭，顯得特別重要，所以各加〈文言傳〉，詳細加以解釋，很可能是後世易學家的見解所輯錄而成。

5〈序卦傳〉一篇——說明六十四卦的次序，和排列的理由。

6〈說卦傳〉一篇——說明八卦所代表的意義，以及八卦相重的由來。

7〈雜卦傳〉一篇——以另一種形式，來解釋六十四卦的卦名。

以上七個部分，一共十篇，稱為「十翼」，表示易學起飛的十隻翅膀。相傳為孔子所作，但也有學者認為是集體創作。

易傳（十翼）

- **彖傳** 上 下
  - 「彖ㄊㄨㄢˋ」是斷的意思
  - 每卦都有「彖ㄊㄨㄢˋ曰」，又稱「彖ㄊㄨㄢˋ辭」
  - 論斷卦象，卦德和六爻的排列
- **象傳** 上 下
  - 象表示「像」的意思
  - 卦象為大象，爻象為小象
  - 用來模擬形態和事理
- **繫辭** 上 下
  - 繫是「聯絡」、「連繫」的意思
  - 上篇以形而上的道體為主
  - 下篇以形而下的器用為主
- **文言** — 乾卦和坤卦，各加文言傳，仔細加以解說
- **序卦** — 說明六十四卦的次序
- **說卦** — 說明八卦所代表的意義，以及八卦相重的由來
- **雜卦** — 以另一種形式來解釋六十四卦的卦名

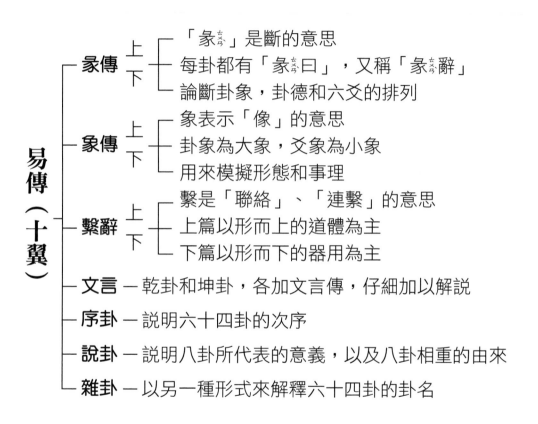

三、陰陽兩種符號合而為一

相傳伏羲氏是遠古時代一位非常喜歡動腦筋的人。他十分好奇：「宇宙萬象，為何如此井然有序？」他用心觀察大自然的現象，發現有白天、黑夜之分，而且白天、黑夜好像永遠不會錯置；海水高漲，然後逐漸退回原位，又再度高漲，旋即悄然消退。草木成長、枯萎；人類出生、死亡，無不井然有序，是不是有一種巨大的力量在操控著宇宙呢？

伏羲氏沒有提出「主宰神」的觀念，也沒有發展出「外星人」的理論。他假設有一種強大的動能，驅使萬物做出如此有規律的變動。並且用一根棍子，畫一條直線，造出一個（⚊）的符號，來代表此一強大的動能。

然而，經過仔細的觀察、體會和反思後，伏羲氏很快便否定了自己的假設。因為每天升起和降落的太陽，應該是同一個；今年的春、夏、秋、冬，也彷彿是去年重現。他覺得宇宙的變動，絕不是單一的力量能夠造成的。於是，他把木棍折斷，畫一條中間斷裂的線，造出另一個（⚋）的符號。後人把（⚊）稱為陽，將（⚋）稱為陰。

陰、陽合而論之，代表一種巨大的動能；分而觀之，又可代表兩種不同性質的動能。用現代話來說，（⚋）代表物質，（⚊）表示能量。由於質能互變，動起來是（⚊），靜下來便成（⚋）。說陰陽是一，可以；說陰陽是二，也未嘗不可。我們把它稱為「一之多元」，把「一」和「多」合起來想，不分開來看。由於一內涵二，所以合起來是一，分開來就成為二（多）。這種觀念，對中國人的思維，有很大的影響。

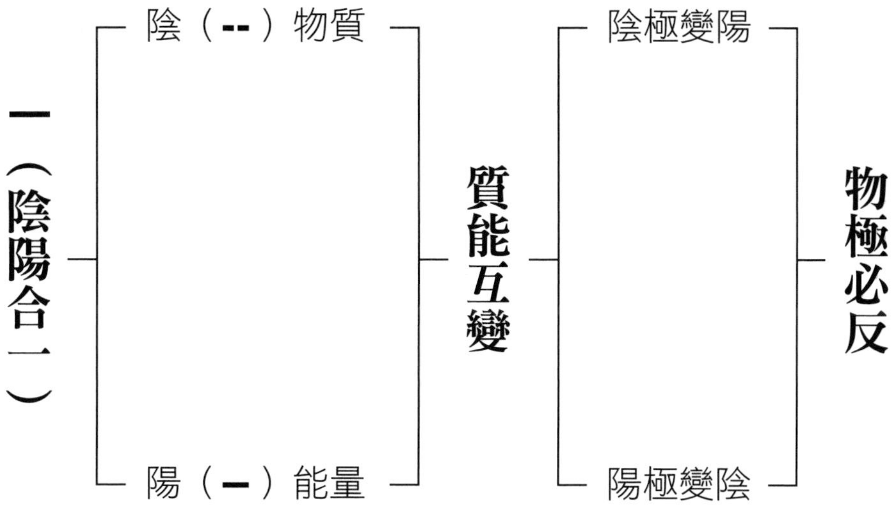
一（陰陽合一）
陰（--）物質
陽（—）能量
質能互變
陰極變陽
陽極變陰
物極必反

四．八卦代表動態自然現象

「易」字是變化、變革、變易的意思，透過模擬天地變化的自然現象，來精研周而復始、生生不息的生命過程。伏羲氏觀察自然現象，抬頭看見高高在上的天，發現天上沒有任何物質，否則受到地心引力，必然向下墜落，因此用三個陽的符號，來代表天（☰）。

他低下頭來，看到地上充滿了物質。為了天地相對待，他用三個陰的符號，來表示地（☷）。

天（☰）地（☷）的代表符號定下來之後，他發現天（☰）有三種可能的變化，分別為天上面有動靜、天空中有動靜，以及天底下有動靜；同樣發現地（☷）也有三種可能的變動，分別為地上面動、地中間動、地底下動。

他用（☷）表示地，於是（☶）就成為地上面動的象，只有山在地面上動，所以（☶）代表山。地中間動是（☵），表示水在地當中流動。（☳）表示地下面動，那就是雷，好像在地下震動。山（☶）、水（☵）、雷（☳），和地（☷）的關係密切，也就是地上面動為山，地當中動為水，地底下動為雷。

天底下有樹木，風吹來樹木搖動，所以天底下動（☴）為風。天空中一片紅色的火焰，表示火燒得很旺，所以天空中動（☲）為火。然而，最難想像的應該是天上面動。那時人造衛星尚未問世，飛機也還沒有影子，誰能知道天上面有什麼景象？我們看到湖澤，由上往下看，看出天的倒影，好像天在湖澤的水下，而澤在天上動，因此用澤來表示天上動（☱），實在是有趣的巧思。

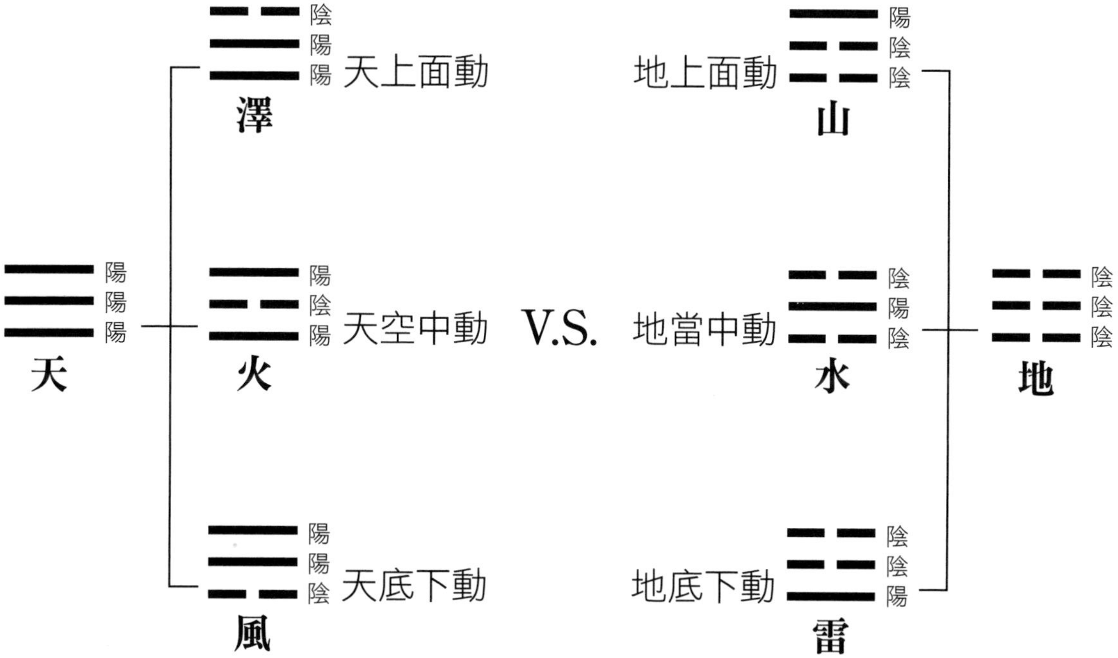
陰
陽
陽
天上面動
澤
陽
陰
陽
天空中動
火
陽
陽
陰
天底下動
風
陽
陽
陽
天
V.S.
陽
陰
陰
地上面動
山
陰
陽
陰
地當中動
水
陰
陰
陽
地底下動
雷
陰
陰
陰
地

五、依天道求人類生活法則

八卦（☰、☷、☴、☲、☱、☳、☶、☵）代表宇宙間最常見，與人類生活最密切相關的八種動態自然現象。將八個基本卦兩兩相重，由於上下兩卦發生互動、變通、交易的關係，因而產生了六十四種不同的人事變化。

從自然天道（天），尋覓人類行為（人）的合理途徑，便是《易經》（傳）所揭示的天人合一。

天下萬事萬物，實際上都脫離不了自然律的支配。人類向自然學習，找出正確的生活法則，應該是一條合理有效的途徑。我們以八卦兩兩相重所組成的六十四卦，來代表六十四種人事變化的類型。將古聖先賢所累積的寶貴人生經驗，透過卦辭和爻辭呈現出來，提供大家做為參考。當我們覺得泰然自若時，趕緊查閱「泰」（䷊）卦，以求持盈保泰；當我們陷入否的狀態時，必須查閱「否」（䷋）卦，才有可能否極泰來；打仗時遵循「師」（䷆）卦，訴訟時參考「訟」（䷅）卦，都是天人合一的實際應用。依天道尋找人事的化解之道，實在非常方便。

反過來說，我們把人事可能發生的現象，歸納成為六十四種類型，把它和六十四卦，適當地配合起來。凡是遭遇到某一類型的人事問題時，便尋找相對應的那一個卦。從卦辭和爻辭的提示，找出自己應當採取的因應方式。

我們也可以透過占卜，發現自己的處境，尋求趨吉避凶的方法。或者透過占卜施行教化，使大家明白在哪一種人事狀態下，必須依循哪一種自然規律，以求天人合一。

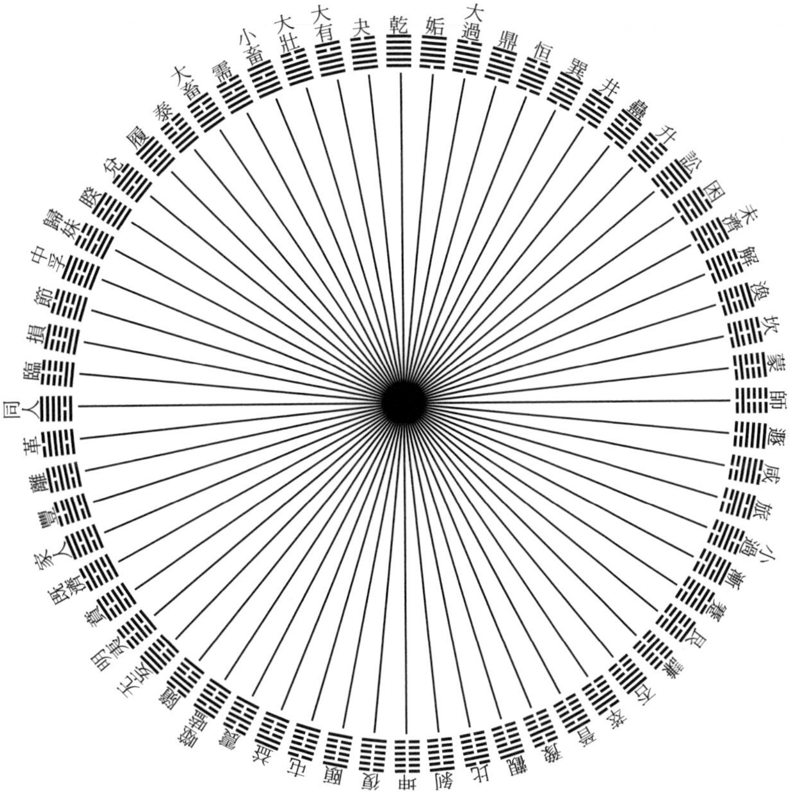

六十四卦

六十四卦代表六十四種不同的人事變化，每一卦都有合乎天道的自然定律。

從自然天道（天），尋覓人類行為（人）的合理途徑，即為天人合一。

透過占卜，發現自己所處的狀態，或者施行教化，以天人合一的方式，來獲得合理正當的對應方式。

六・效法天地變化啟發智慧

〈繫辭下傳〉記載：伏羲氏抬頭觀察日月星辰等天象，低頭觀察地形高下升降的法則，觀看飛禽走獸身上的紋理，以及適宜生長在地上的植物。他透過陰（⚋）陽（⚊）兩種符號，觀象設卦，由基本的八卦，兩兩相重而生六十四卦。每一個重卦，有六爻。六十四卦合起來，總共有三百八十四個爻。卦象符號，用以反映宇宙和人生的複雜變化。古聖先賢，在種種變化中，歸納出不容易改變的自然規律，作為判斷吉凶悔吝（ㄌㄧㄣˋ）的標準，從而發展引申出人類行為的準則，做為大家日常生活的重要參考。

天所顯示的是「高明」，無所不覆；人所秉持的是「智慧」，能活用經由學習而來的知識；地所表現的是「博厚」，無所不載。人居於天地之中，為天地所生，也成為天地間的一分子，最好能效法天地變化，啟發自己的智慧。《易經》透過卦、爻的符號，以及卦辭、爻辭，來象徵天地的變化。這些變化多端的卦、爻，並沒有十分清楚的解說，因此提供了我們很大的思慮空間。可以從不同的角度，體會它的意義。根據不一樣的需要，來發揮它的功能。從這個層面來看，稱《易經》為智慧之書，當然是名至實歸。

〈繫辭上傳〉記載：天地產生各種變化，聖人就仿效它。天上垂示各種天象，顯示吉凶的徵兆，聖人就模仿它。凡是順應天道的人，上天必然加以祐助。但是天助自助者，一切仍然要靠自己的努力。誠心誠意地和天地感應，自然比較容易獲得上天的指點。透過反省，逐漸改善自己的言行最為有效。

效法天地

天高明，無所不覆，
地博厚，無所不載。
人效法天地，才能開啟自己的智慧。

易經透過卦爻的符號和卦辭爻辭，
來象徵天地的變化。

人必須發揮自己的思慮能力，
培養良好的思慮習慣，發揮自由思慮的能力。

啟發自己的智慧

我們的建議

1 人生觀的最高境界，即為天人合一。《易經》研究宇宙人生的道理，由自然規律，推演出人事法則。用簡易的方法，闡明宇宙的變易規律，現代仍然可以沿用。

2 八個基本卦，把宇宙間常見的自然現象，用八種符號來表示。我們用天上面動、天空中動、天底下動；地上面動、地當中動、地底下動，配合天地兩卦來想像，很容易想出：澤、火、風；山、水、雷的形象，十分簡便。

3 要明白《易經》的道理，最好先研讀《易傳》。透過十翼的解說，知道天地間任何一種東西，都是由陰（⚋）陽（⚊）所構成。陰陽兩爻，貫穿六十四卦，很容易天人合一。

4 彖（ㄊㄨㄢˋ）、象、繫辭、文言、說卦、序卦、雜卦，都在說明卦的意思。這些觀念，自伏羲、神農、黃帝、堯、舜、禹、湯、文、武、周公，到孔子集其大成，迄今仍一脈相傳，中華民族可以說是《易經》的民族，十分特別。

5 宇宙是一個大生命，人是這個大生命當中的一個小單位，其生存發展的原理完全相同。天人合一的共同原理，即在「一陰一陽之謂道」。人應該法天、敬天、順天，才能致中和。

6 《易經》的文句，有很多不明白、不清楚的地方，正好留給我們很大的思慮空間，方便各人依據不同的需求，做出不一樣的解釋。只要合理，彼此都應該尊重、互相觀摩切磋。

《第三章》

為什麼
需要合理定位？

位指空間、身分、地位，
由下而上，一階段、一階段地向上提升。

每一階段，都有合適的身分和地位，
做好自我定位，便是我們常說的守分。

萬事萬物，可以分成六大階段，
分別以動、入、深、顯、靜、代來考察。

配合每一階段的實際狀況，
採取合理的必要措施，自然能夠順利發展。

時、位和事物的性質，這三種要件，
我們可以利用兩個字來加以標示。

不但明確定位，一目了然，
而且開啟了「把二看成三」的智慧。

一、時與位是變化兩大要件

時間和空間，通常合起來稱為「宇宙」——四方上下叫做「宇」，古往今來便是「宙」。然而《易經》不這樣說，而是用「時」和「位」來描述。「時」和「時間」的差別比較小，而「位」和「空間」則有相當大的不同。《易經》的位，和主體的「物」必須合在一起。我們認為若是沒有「物」的存在，「空間」是沒有必要加以討論的。

物離不開時、位，然而「同時」未必「同位」，因為立場不一定相同。同樣一件事情，只要立場不一樣，看法就不相同。

〈繫辭上傳〉一開始就說明「天尊地卑，乾坤定矣」。乾是天，坤為地；天地即乾坤，乾坤也就是天地。乾（䷀）為純陽，坤（䷁）是純陰，代表八卦這個《易經》大家庭中的父母，成為一家之主。後來演變成男尊女卑，完全是望文生義、不求甚解而又自以為是的不良後果。

位有高低，高的不一定貴。高貴表示既高又貴，並不是凡位高的必定貴；低賤表示既低又賤，但不一定低就是賤。兩個字相連接，各有各的意義，合起來又是另一種意思。千萬不要合久了，就忘記分開的解釋。天尊地卑，和貴賤沒有關係。男尊女卑，表示男女同權不同質，雖然平等，卻仍然各有特性，不容忽視。

時、位一改變，物就必須做出合理的調整。以此類推，人事要以時、位為背景，才能夠判斷是非。離開時、位，就沒有是非可言。人事要不要調整？應該怎樣調整？最好看時、位的變化，尋找合理的平衡點。定位、正位、當位的重要性，我們從現在開始，就要逐漸加以說明。

「位」比「空間」複雜，
身分、地位、立場，
都要考慮在內。

「時」和「時間」很相近，
細分時機和情勢，
時勢可合也可分。

位

時

物

離開「物」，「時」、「位」沒有意義。
離開「時」、「位」，人事很難分辨是非。
「時」、「位」一改變，人事就要做出合理調整。

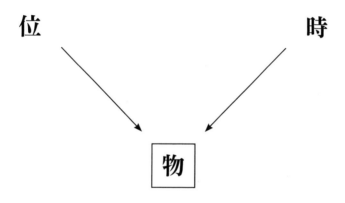

二、一畫開天是定位的開始

我們虛擬一下人類原始時代，最常掛在嘴邊的，是哪一句話？應該是：「你在哪裡？」對不對？因為人類是群居的動物，若是單打獨鬥，根本不是其他動物的對手，所以聚眾共事，同心協力，可說是十分必要。為了找到對方，我們必須發出「你在哪裡？」的訊號。對方要正確回應，自非明確定位不可。

伏羲氏「一畫開天」，用現代話語來說，便是「畫一條水平線」。把三百六十度的空間，一下子分成了兩個一百八十度的空間。水平線以上為陽，用「⚊」這個符號來代表；水平線以下叫做陰，用「⚋」這個符號來表示。

剛開始大家覺得很方便，很快就可以找到對方所在的位置，然而不久後就覺得不夠用，於是加上一條垂直線，成為四個象限，也就是四象。陰（⚋）和陽（⚊）稱為兩儀。「儀」的意思是儀態，陰（⚋）和陽（⚊）表示兩種相對的儀態，也就是我們常說的「樣子」。清晨朝陽初起，溫度不高，大地依然陰涼。象徵陽在上陰在下，其象為上陽下陰（⚎），即為少陽。中午太陽熱度充足，完全驅除了大地的陰涼，便是二陽重疊的老陽（⚌）。到了夕陽無限好，可惜近黃昏的時刻，大家感覺陽光熱力減少，但是地氣仍然炙熱，其象為上陰下陽（⚍），故名少陰。逐漸進入午夜，成為老陰（⚏）。因此我們就能從原先的陰陽兩位，變成老陽、少陰、老陰、少陽四位，稱為四象。

陰陽稱為兩儀，兩儀交易，陰爻變陽爻，陽爻變成陰爻，結果形成四象。一畫開天之後，人們把空間愈分愈細，對於尋找定位，愈加精確而方便。接著，我們想起了：原點。

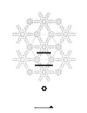

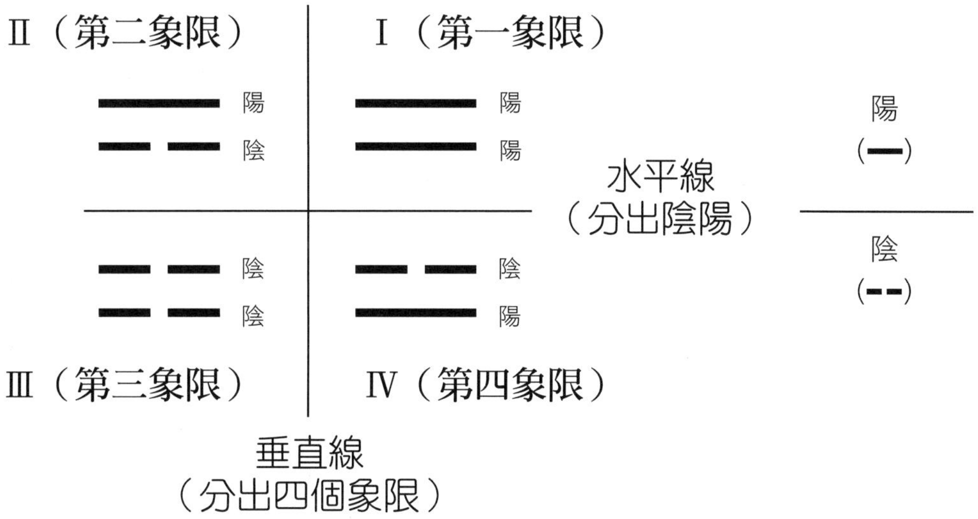

Ⅱ（第二象限）
陽
陰
Ⅰ（第一象限）
陽
陽
水平線
（分出陰陽）
陽
(⚊)
陰
(⚋)
陰
陰
Ⅲ（第三象限）
陰
陽
Ⅳ（第四象限）
垂直線
（分出四個象限）

三、太極是天人合一的原點

現代社會愈來愈複雜，以致到處都洋溢著「回歸原點」（Back to Basic）的訴求。希望藉由化繁為簡，來找到單純的原點。我們應當先釐清思緒，弄清楚原本的真正意義，然後才重新出發。

天人合一的起點，也就是萬事萬物的原點，我們把它叫做「太極」。「太」這個字，是由「大」和「、」組合而成——「大」極了，加上「、」（小）極了，就稱為「太極」。好比我們家裡，有這麼一個人，大起來比誰都大，小起來比誰都小，我們就把她稱為「太太」。

太極了，大到其大無外，夠大了吧！小極了，小到其小無內，也夠小了吧！它既沒有固定的形狀，也沒有一定的功能。當然，原本也沒有名稱，姑且把它命名為「太極」。

〈繫辭下傳〉曰：「天下之動，貞夫一者也。」意思是天下萬事萬物的所有活動，都是取法於太極。其中的「⚊」，代表伏羲氏最早想到的基本動能，後來發現這個基本能量，內涵兩種相對的力量，分別稱為陰「⚋」、陽「⚊」。

太極和陰陽是合一的，沒有陰陽就沒有太極，沒有太極就沒有陰陽。「⚊」是太極，陽「⚊」和陰「⚋」也都是太極。我們可以說陽爻（⚊）原本就包涵了陰爻（⚋）。因為陰爻（⚋）中間有一個空隙，表示「折斷了的陽爻」。如此觀之，太極是陽爻（⚊）和陰爻（⚋）的「二合為一」；陰爻（⚋）和陽爻（⚊）則是太極分化而成，叫做「一分為二」。陰陽既能合一，又能分化為多元，所以稱為「一之多元」，把「一」和「多」合在一起看，等而視之。

陰、陽都是太極變化而成的

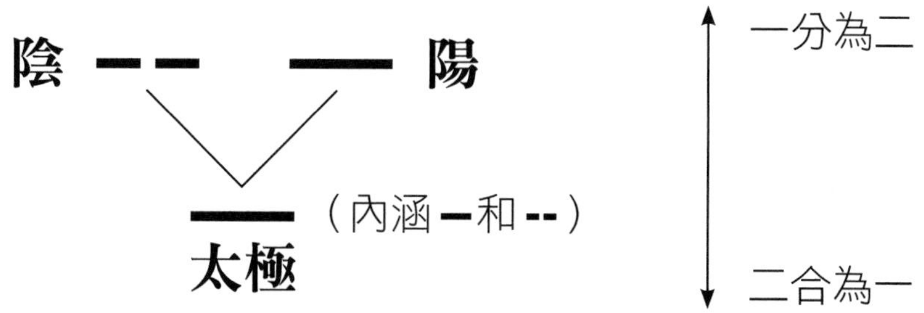

萬事萬物變化的取法對象
天人合一的共同原點

四．先天八卦配合中國方位

伏羲氏想到太極的時候，連帶兩儀、四象、八卦的概念，也十分清晰。換句話說，太極、兩儀、四象、八卦，乃至於後續的十六卦、三十二掛、六十四卦都同時出現了。

中華民族發源於古代的中原地區，算起來都是北方人。為了照顧南方廣大的同胞，君王必須面向南方而坐。所以一眼看出去，就看到天；回頭看自己的座位，才是地。因此天南地北，便成為正當的方位。太陽由東方升起，一片火紅，火在東，自然一目了然。一江春水向東流，我國的水流，發源地在西邊，向東流是十分自然的現象。東南沿海，用澤來表示。西北多山，以山為代表。西南多風，而東北多雷，正好和伏羲氏先天八卦的方位相配合。

太極一分為二，形成陰（⚋）陽（⚊）兩儀。陰可以和陰互動，陰也可以和陽互動；反過來看，陽可以和陽互動，陽也可以和陰互動。依據排列組合的結果，形成老陽（⚌）、少陰（⚍）、少陽（⚎）、老陰（⚏）四象。如果畫成四個象限，那就會太穩定而難以發展。我們畫成樹狀，表示可以持續向上發展，含有生生不息的精神。老陽和陽互動，成為天（☰）；和陰互動，即為澤（☱）。少陽和陽互動，變成風（☴）；和陰互動，便是水（☵）。少陰和陽互動，造成火（☲）；和陰互動，形成雷（☳）。老陰和陽互動，就是山（☶）；和陰互動，即是地（☷）。這天、地、水、火、風、雷、山、澤八種自然現象，構成人類生活的基本條件。伏羲畫卦，到三爻為止，箇中真義，值得我們深思。

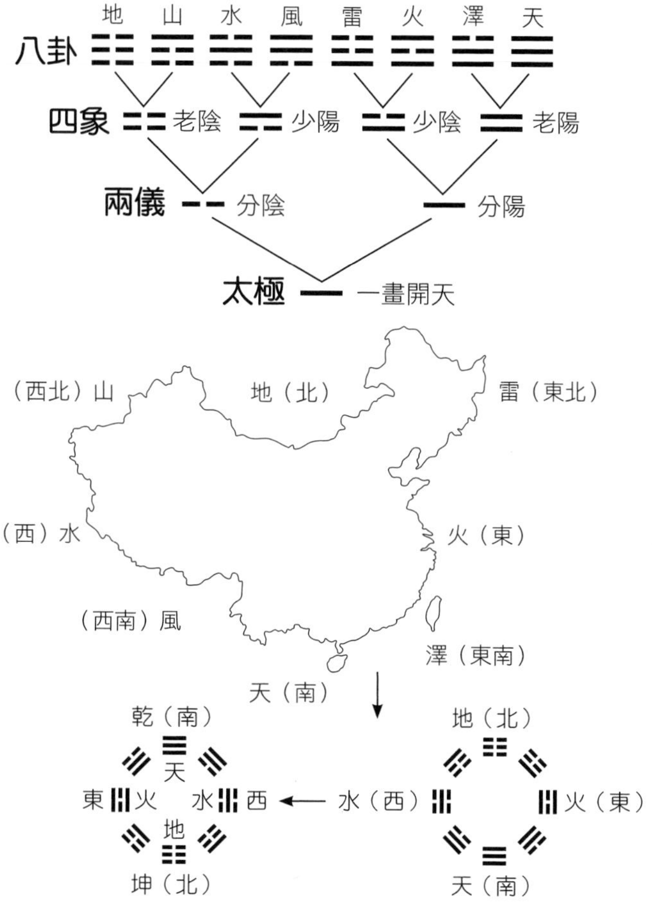
地 山 水 風 雷 火 澤 天
八卦
四象 老陰 少陽 少陰 老陽
兩儀 分陰 分陽
太極 一畫開天
（西北）山
地（北）
雷（東北）
（西）水
火（東）
（西南）風
澤（東南）
天（南）
乾（南）
天
東 火
水 西
地
坤（北）
地（北）
水（西）
火（東）
天（南）

五．重卦六爻表示六大階段

我們把伏羲氏所畫的八個基本卦，配合我國地形所構成的八卦，稱為「先天八卦」，這是相對於周文王把八卦兩兩相重，構成六十四卦，所組合而成的後天八卦。

八卦原本由三個爻組合而成，周文王把兩個基本卦重疊在一起，形成每卦六個爻，用意是每一個人、事、地、物，都可以產生變化。我們把它劃分成六個階段，來加以觀察、分析、比較，應該更容易瞭解和掌握未來的變化。譬如乾卦，原本只有三橫，再加上三橫，成為六橫（䷀）。坤卦原本只有三條中斷線，再加上三條中斷線，便成為六條中斷線（䷁）。其餘六十二卦，都依此類推。

這六爻的次序，和「易氣由下生」一樣，都是從下往上計算。最底下為第一爻，表示第一階段，然後依次向上，分別為第二爻、第三爻、第四爻、第五爻、和第六爻。也就是第二階段、第三階段、第四階段、第五階段，以及第六階段。我們用「動」（萬物始生的狀態）、「入」（陰陽化合的狀態）、「深」（深刻稠密的狀態）、「顯」（顯現於外的狀態）、「靜」（止息固定的狀態），「代」（更換交替的狀態）來表示演變進化的歷程。

孔子自述他的一生：十有五志於學、三十而立、四十不惑、五十而知天命、六十而耳順、七十而從心所欲，不踰矩，便是將自己的一生劃分為六個階段，分別加以明確的定位。

有了明確的目標，也就是定位之後，我們一方面就能知所努力，一方面也找到了檢核的標準，能按部就班，逐步完成人生使命。

6	七十而從心所欲，不踰矩	**第六爻（代）**—— 更換交替的狀態
5	六十而耳順	**第五爻（靜）**—— 止息固定的狀態
4	五十而知天命	**第四爻（顯）**—— 顯現於外的狀態
3	四十而不惑	**第三爻（深）**—— 深刻稠密的狀態
2	三十而立	**第二爻（入）**—— 陰陽化合的狀態
1	十有五而志於學	**第一爻（動）**—— 萬物始生的狀態

六、把時位和性質合起來看

六十四卦，每卦六爻，由下而上，分別稱為初、二、三、四、五、和上爻，可以說是把「時」和「位」合在一起，也就是將初、二、三、四、五、末的時，和下、二、三、四、五、上的位合併起來。取「初」捨「末」，表示萬物始生之際的「時」比「位」重要；而用「上」不用「下」，則表示終了時，「位」比「時」更為重要。因為時和位的六大階段，二、三、四、五是共通的，只有初、末和上、下的說法不一樣。而初、末代表時，上、下表示位。不採取初、末或上、下的對應，卻說成初、上，雖然不相對，卻巧妙涵蓋了時和位，兩者並舉。

在時（初、二、三、四、五、末）和位（下、二、三、四、五、上）之外，還需要瞭解事物的性質，究竟是陰或是陽。利用兩個字，來表達「時」、「位」、「性質」三樣要件，開啟了炎黃子孫「把二看成三」的智慧。我們常常在正、反；上、下和對、錯之外，產生第三種說法，那就是「不正不反」、「中間」、「很難講」，實在十分靈活。

乾坤是上經的最初兩個卦。乾卦六爻，用初九、九二、九三、九四、九五、上九來表示。《易經》的陽爻，用「九」來代表，所以從第一爻到第六爻，全部都是九。初爻的「時」最重要，所以先說「初」，再說「九」；末爻「位」最要緊，因此先說「上」後說「九」。其餘五爻，先說性質，然後才標示時位。《易經》的陰爻，以「六」為代表。坤卦六爻，分別為初六、六二、六三、六四、六五和上六。其餘六十二卦，都是陰爻和陽爻交錯出現，應該如何用兩個字來標示？必須多多練習，務求十分熟練。

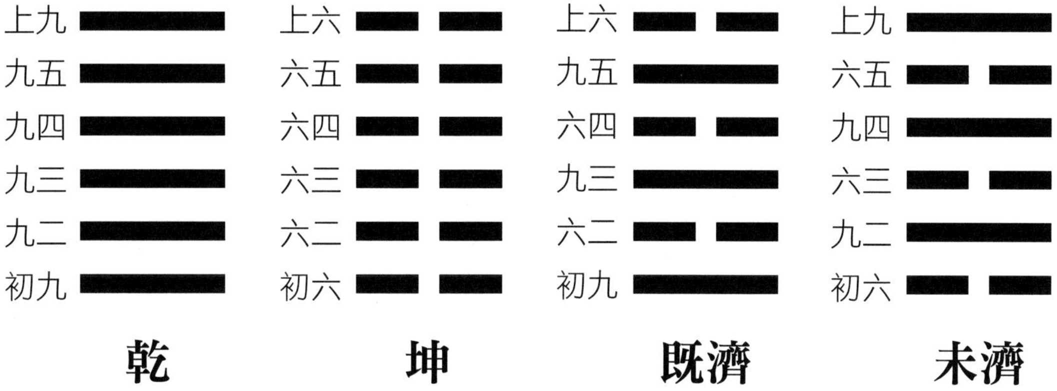
上九
九五
九四
九三
九二
初九
乾
上六
六五
六四
六三
六二
初六
坤
上六
九五
六四
九三
六二
初九
既濟
上九
六五
九四
六三
九二
初六
未濟

我們的建議

1 人生在世，最重要的功課，莫過於提升自己的道德修養。由於年幼無知，所以必須分階段進行。《易經》六爻分成六大階段，各有定位，比較容易逐步提升，循序漸進。

2 六十四卦各有六爻，依爻的性質，陰爻分別標示為初六、六二、六三、六四、六五、和上六；陽爻則標示為初九、九二、九三、九四、九五、和上九，必須熟練。

3 一、三、五、七、九為奇數，屬陽。這五個數字當中，九最大，用來表示陽爻的性質。因為陽的性質是向外擴展，所以「九」是老陽，用來表示陽爻，十分合適。

4 一、二、三、四、五是「生數」，一隻手掌伸出來便已具備；六、七、八、九是「成數」，必須伸出兩隻手掌，才能合併而成。這四個成數當中，六和八屬陰，七和九屬陽。七比九小，所以七代表少陽，而九代表老陽。

5 六和八屬陰，是偶數。由於陰爻的性質，是向內收縮，六比八小，顯示收縮得比較緊，所以八是少陰，而六反而是老陰。我們用九代表陽，以六表示陰，含有陽脹陰縮的意思，果然把性質表達得十分清楚。只要多多練習，自然就能熟悉。

6 《易經》每一卦由下向上，依次為初、二、三、四、五、上六位，分別代表六個階段的變化狀態。我們當然不能固定地把所有事物都做出這樣的劃分，但是八九不離十，做一種概括性的區分，應該是妥善的定位方式。

《第四章》

能預測
未來的變化嗎？

伏羲氏完成了八卦的符號，
原本的用意是為了解開宇宙的奧祕。

周文王和周公重卦寫爻辭，
是用來闡述建國育民的哲理。

為了逃過被紂王迫害的劫數，
不得不利用占筮，以神道設教。

孔子深知占筮的目的不在卜問結果，
而是指引大家應當如何思考行事方為妥善。

我們不應該成為聽天由命的宿命論者，
而是要知命，決定自己人生的正當途徑。

孔子提倡「不占而已矣！」
鼓勵大家發揚易理，遵循大道而行。

一、伏羲氏畫三爻卦的啟示

中華民族在黃帝以前，歷經漁獵、畜牧、農耕的階段。相傳伏羲氏是畜牧時期的開創者，教導人民馴養牛羊牲畜，過著比較安定的日子。那時候還沒有文字，伏羲氏畫卦，很可能是為了方便記事，和創造文字具有密切的關係。

他首先一畫開天，用最簡單方便的「⚊」，代表萬事萬物的根本。依現代的觀點而論，宇宙萬象錯綜複雜，變化無窮，而且永不停息，控制宇宙的機制，必須十分單純而簡易，否則無法達成這樣的功能。然後分陰「⚋」分陽「⚊」，告訴我們一切都是出於陰陽的互動和變化。他把陰爻和陽爻，兩兩相重，造成老陽（⚌）、少陰（⚎）、老陰（⚏）、少陽（⚍）四象。再進一步，畫出天（☰）、地（☷）、水（☵）、火（☲）、雷（☳）、風（☴）、山（☶）、澤（☱）八卦。然而為什麼伏羲氏三爻而止，不繼續畫四爻卦、五爻卦呢？

因為他抬頭看到天，低頭看著地，中間有萬事萬物，而以人為代表。三爻卦的上爻如果表示天，下爻如果表示地，那麼中間那一爻，便可以用來表示人。構成天、人、地三才，也就是宇宙的三個主要元素。如果再增加一爻，變成四爻卦，不但增加複雜的程度，而且不如三爻卦合理。三爻卦一共三爻，不是陰多陽少，便是陽多陰少，很容易變化。不像四爻卦那樣，若是陰陽數目相同，平衡穩定，反而不容易產生變化。三爻卦告訴我們：「無三不成禮」——只要「三人成眾」，透過「約法三章」，加上凡事「三思而行」，必能「三年有成」。事不過三，三爻卦足矣！

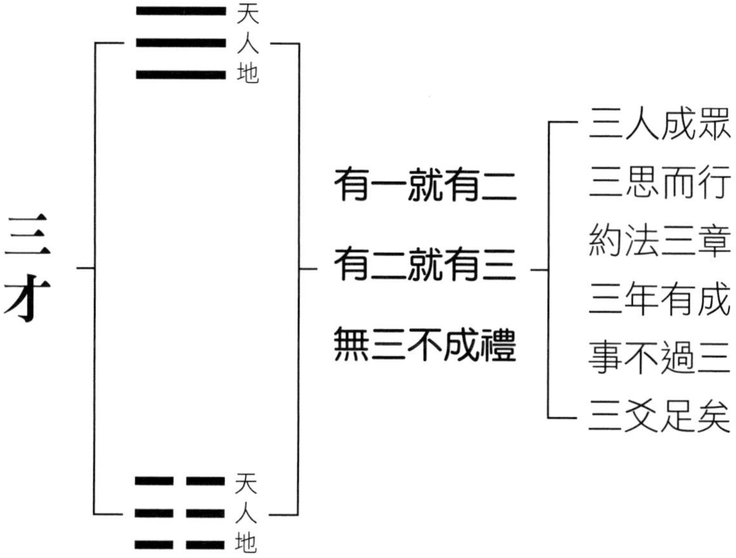
天
人
地
三才
有一就有二
有二就有三
無三不成禮
三人成眾
三思而行
約法三章
三年有成
事不過三
三爻足矣
天
人
地

二、三爻卦給現代人的警惕

伏羲氏的時代，人類的生活原始而簡樸，天地之間的景象十分單純，沒有什麼人造的器物，顯得十分簡單。

而現代社會，則是充滿了人為的東西。我們想要回歸原點，最好先對三爻卦做一番省思，看看有什麼值得警惕的地方？

首先，三爻卦除了天是純陽（☰）、地為純陰（☷）之外，其餘六卦，不是陰多陽少，便是陽多陰少，形成陰陽不平衡的局面。我們不要忘記：天地之間，如果沒有矛盾，就不可能產生變化，也就不會進步。我們不但不能夠害怕矛盾或消除矛盾，反而應該面對矛盾，設法化解。說得不好聽一些，很可能偶爾還要刻意製造一些矛盾，才能促進變化與進步。

陽多陰少的卦，稱為陰卦，一共有三個：澤（☱）、火（☲）、風（☴）；陰多陽少的卦，叫做陽卦，一共也有三個：山（☶）、水（☵）、雷（☳）。陰卦多陽、陽卦多陰，這提醒了我們：少數賢明的人士，遠比多數腦筋不清楚的人，要來得重要。現代人過分相信「少數服從多數」的必要性，致使人類在某些方面愈來愈退步，令人十分憂慮。

三爻卦的上爻代表天，中爻代表人，下爻表示地，形成天、人、地三才，啟示我們：天、人、地各有不同性質的才能。天高明而無所不覆，地博厚而無所不載，人必須德智兼備、公而忘私，以求既大且久、生生不息。天地之間有萬物，由於人為萬物之靈，所以負有頂天立地、輔助天地的任務。為了致中和，人必須講求仁義，凡是傷天害理、污染環境、破壞生態系統的事情，一概不能做。

三爻卦的警惕

如果沒有矛盾，就沒有變化。
若是沒有變化，就不可能進步。
我們不但不能害怕或消除矛盾，
甚至偶爾還要製造一些矛盾來謀求進步。

陰卦多陽、陽卦多陰，提醒我們「少數服從多數」的危險性。
賢明人士永遠是少數，大多數人其實並不高明。
應該反過來向少數賢明人士請教為宜。

三爻代表天、人、地三才。人居於天地之間，必須大公無私。
既仁且義、德智兼備，以求贊天地之化育，真正成為萬物之靈。

三、八卦名稱的轉變和意義

如果說（☰）只能代表天，（☷）只能夠代表地，其餘六卦，也都只能代表單純的現象，八卦的功能，就受到很大的限制。有了文字以後，八卦獲得正式的名稱——（☰）天為乾，（☷）地為坤，（☵）水為坎，（☲）火為離，（☳）雷為震，（☴）風為巽，（☶）山為艮，（☱）澤為兌，目的在擴大原有自然現象的內涵，將相近似的功能、性質、意義合併起來，以增進其效能。

「乾」的意思是剛健，代表向上生長的大動能，象徵天的自強不息，恆久主動，天、君、父、首、馬，都屬於乾的性質；「坤」的意思是柔順，表示收縮、安靜的包容性，象徵地的厚德載物、安順貞吉，地、臣、母、腹、牛，都屬於坤的性質。

「坎」的意思是下陷，代表危險的狀態，象徵水的難以治理，和陷阱的深淺莫測，水、雨、中男、耳、豬，都屬於坎的性質；「離」意指美麗光明，為了預防大家盲目追求美麗光明而弄得離心離德，所以用離字表示，象徵火的明亮，終將由於燃燒物的灰飛煙滅而止息，火、日、中女、目、雉，都屬於離的性質。

「震」的意思是啟動，代表起伏的狀態，象徵春雷發聲，地下震動，雷、長男、足、龍，都具有震的性質；「巽」的意思是齊、入，表示整齊劃一的狀態，象徵風的無孔不入，草木順勢伏地，風、木、長女、股、雞，都具有巽的性質。

「艮」的意思是止，代表山行艱難的狀態，象徵山路難行，有停止不前的念頭，山、少男、手、狗，都具有止的性質；「兌」意指喜悅，表示使人喜悅的景象，象徵澤的反映天象，賞心悅目，澤、少女、口、羊，都具有喜悅的性質。

八卦的正式名稱

- 乾 ☰（剛健），代表天、君、父、首、馬。
- 坤 ☷（柔順），代表地、臣、母、腹、牛。
- 坎 ☵（險陷），代表水、雨、中男、耳、豬。
- 離 ☲（光明），代表火、日、中女、目、雉。
- 震 ☳（震動），代表雷、長男、足、龍。
- 巽（ㄒㄩㄣˋ） ☴（齊入），代表風、木、長女、股、雞。
- 艮（ㄍㄣˋ） ☶（停止），代表山、少男、手、狗。
- 兌（ㄉㄨㄟˋ） ☱（喜悅），代表澤、少女、口、羊。

四．周文王重卦的神道設教

周文王原本是商朝西方的諸侯，由於仁厚賢德，被尊稱為西伯。而當時商朝的帝王，是橫征暴斂、荒淫無道的紂王，人民失望怨恨，諸侯也開始反叛。有人向紂王密告，紂王便把西伯囚禁在羑ㄧㄡˇ里，也就是現代河南湯陰。文王利用這段時間，把伏羲氏的八卦，兩兩相重，演出六十四卦，將他畢生的寶貴經驗，撰寫成「卦辭」和「爻辭」。因為內容涉及十分敏感的政治，所以不敢寫得太過明白清楚。又假借新的筮術以代替原有的占卜，實際上是以神道設教，來避人耳目。表面上看，好像有「神通」的意味，實際上卻是一種推理。我們可以如此解讀：直接了當地把結果說出來，叫做「神通」；把推測研判的過程說出來，然後才說明結果，即為「推理」。兩者有許多相通之處，不能夠用二分法加以劃分。

古人占卜時，內心十分虔誠，儀式則簡單隆重。孔子一方面推崇文王的偉大貢獻，一方面卻倡導「不占而已矣」。因為時代愈進步，智識愈普及，便能夠理智地推論出自己目前的處境，是合乎六十四卦中哪一卦的狀態。此時就用不著占卜，直接查閱該卦所揭示的道理，切實篤行即可。然而，若是不能藉由理智，推論出自己所處的卦位時，還是可以依據占卜來找到定位。

不論查閱或占卜，目的都在預測未來的變化。我們都知道「預防勝於治療」，「及時的一針，勝過事後九針」的道理。透過占卜來預知未來，是《易經》的主要功能之一。即使測不準，還是很想測，此乃人之常情。畢竟多一種參考，多一種選擇，對每個人來說，都是利多於弊的。

藉由卜筮傳承給後代子孫。
實際上已經將相關易理都融入其中，
使大家認為卜筮是為了預測未來，

→

以代替原有的占卜。
設計出一套新的卜筮方式，
於是周文王透過神道設教，

→

卻也使他不敢寫得太過明白清楚。
然而政治的敏感性，
不能傳承下去並發揚光大。
周文王深怕自己畢生的寶貴經驗，

→

分別寫成「卦辭」和「爻辭」。
造成六十四卦，
把八卦兩兩相重，
周文王利用這一段時間，

→

商紂王把周西伯囚禁在羑(ㄧㄡˊ)里

五・現代占卜愈來愈不準確

往昔的生活變化不大，大家的看法大同小異。搞怪的人並不多，求新求變的觀念也不普及。在那個單純的年代裡，誠心誠意的人比較多，對於占卜的結果，很容易相信，也表現出高度的配合。在這種情況下，占卜的準確度當然很高。

現代人自主性提高，大多喜歡自作主張，不相信權威，對於占卜的結果將信將疑。即使誠心誠意，也不過是口頭上的不加反駁、態度上的貌似恭敬，如此而已。

世界愈變愈快，根本的原因，即在於大家的心並不安定。滿腦子求新求變，自然造成愈變愈快的結果。

科學愈發達，科學家愈明白：科學不可能告訴我們真相，它只是一條「漸近線」——愈來愈接近真相，卻始終有一段距離。至少我們可以肯定：未來並不是科學所能夠控制，或者全盤知曉的。只有看水晶球、看手相、求籤問卦的人，才會相信這種「科學的預知」。這種「科學」，實際上已經變成一種「宗教」。信到差不多就好，再信下去，必然成為「迷信」。科學對未來變化的預測，並不一定正確，因為科學本身也在變化，每隔一段時間，就會出現新的見解。而這些新的見解，也未必是正確的。

現代人很容易陷入兩極化：不是過分悲觀，認為未來的變化太過複雜，根本不可測；便是過分樂觀，以為科學和技術是萬能的，可以適時解決未來的各種難題。這兩種態度，對占卜的結果，便常是姑妄聽之、姑妄信之。即使占卜真的十分準確，用在這兩種人士身上，恐怕也可能變得極不準確。

對占筮的反應

- **誠心誠意**
  - 喜歡求神問卜
  - 結果深信不疑
  - 決心全力配合
  - 果然十分靈驗
  - → **很靈**
- **將信將疑**
  - 多得一種參考
  - 結果將信將疑
  - 依然自主創造
  - 覺得靈又不靈
  - → **不靈**

對於正當的事，
有迷惑時，
才可以占卜。

惡事、私欲，
不適宜占卜。

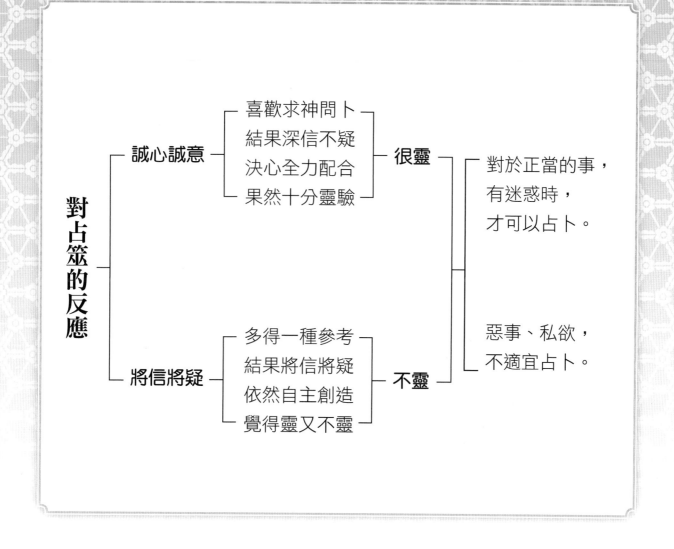

六、孔子倡導不占卜的道理

《易經》成書的過程，是「人更三聖，世歷三古」，意思是由八卦到十翼，經過悠久的歲月，從上古的伏羲，中古的文王、周公，到近古的孔子，可以說是源遠流長。周文王和周公是父子，合起來算一聖，加上前後兩聖，也就是伏羲和孔子，所以說是經過三位聖人的費心勞神，才能有這樣的豐碩成果。

伏羲畫卦，原本是為了解開宇宙人生的奧祕。用八卦斷吉凶，可以說是推行易理教化的一種方法。文王藉著卦爻辭的變化，提示建國育民的哲理，惟恐不見容於暴虐的紂王，不得不透過神道設教，藉由占卜的包裝掩護，不但使文王逃過生前的劫數，也使《易經》逃過後代秦始皇的焚書禁令，從此易為占卜之書流傳迄今。有些人鄙而視之，有些人則是盲目迷信。殊不知，孔子作十翼，其目的即在闡揚易理，並且破除迷信。

我們的行為，最好能憑良心，合乎倫理、道德的要求。凡是應該做的，不論結果如何，都應當去做。只問耕耘，不問收穫，才是正當的態度。求神問卜的時候，若是只看結果，只挑對自己有利的才行動，動機已經很不純正。孔子對於這樣的占卜，持反對的態度。相反地。占卜的人，不應只是消極地等待占卜的結果，而是要更進一步，詢問應當如何進行？一方面堅持正當的目標和途徑，一方面則尋求趨吉避凶的方法。把消極的占卜，變成積極的處世智慧，才是孔子把《易經》列為必修的六經之一，所樂於見到的行為「變易」。

正當的事必須去做，在方法上有所迷惑時，可以透過占卜做為參考。惡事、私慾，根本就不可以占卜。可與不可的分際，必須妥為掌握。

正確認識《易經》

- 易歷三聖，世歷三古
  - 上古伏羲氏（六千年前）畫八卦。
  - 中古周文王、周公（三千年前）重卦，作爻辭。
  - 近古孔子（二千五百年前）作十翼。
- 時代不同，作風有異
  - 伏羲畫八卦，主要目的在解開宇宙人生的奧祕。
  - 文王重卦，主要在闡述建國育民的哲理。
  - 孔子寫十翼，主要在發揚積極的處世智慧。
- 易有大用、也有小用
  - 易理是大用。
  - 占筮是小用。

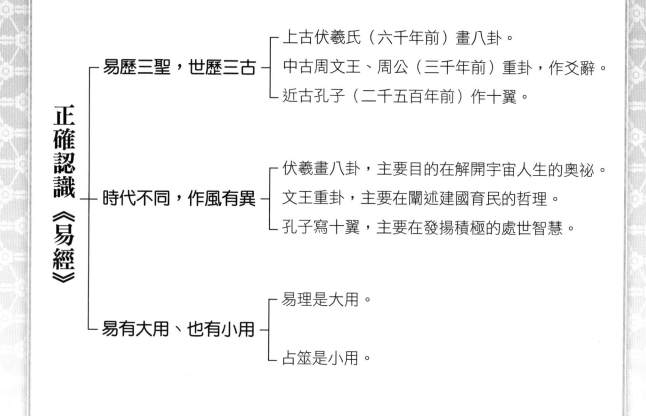

我們的建議

1 八卦的基本作用是陰陽，萬事萬物都離不開陰陽變化。代表陰陽的符號是「六」和「九」兩個數字，也就是《易經》常用的數。我們常說「心中有數」，便是代表對未來變化有所準備。

2 與其說「易為群經之首」，不如說「易為群經之始」。因為伏羲畫卦，原本是為了解密，透過八卦的運用，來推行易理的教化。因此，把易視為經學的開始，可以說是當之無愧。《易經》可用來啟發人類本有的智慧，然後學得的知識，才能夠靈活正當地運用，為人類社會帶來益處。

3 占卜的功能，在於把它當做教化的工具。透過這種方式，可促使大家明白道理，選擇應當走的途徑。不畏困難，不怕挫折地勇往直前，也就是善用占卜來積極開發自己的處世智慧。

4 八卦代表大自然的八種現象，原本沒有吉凶可言。文王寫卦辭、爻辭，指出人生禍福的因緣。孔子則是直接說明吉凶禍福，實際上是由我們自己的道德來決定。聰明的人，懂得透過占卜的過程來明白道理。然而，若是完全一味相信占卜的結果，很可能會誤了自己。

5 孔子說不占，並不是反對正當的占卜。對君王、長上，不方便講道理，因為如此一來，彷彿是在對其說教，當然很不妥當。這時，若能假借占卜的方式，說明其中的道理，當然是一種良好而有效的方法。

6 完全相信占卜的結果，等於放棄自己的自主權。把自己的未來，交由他人決定，合適嗎？還不如參考占卜的結果，再從中尋找出趨吉避凶的方法。而我們應該要做的事，還是要努力地去實踐。

《第五章》

如何以易來
趨吉避凶？

趨吉避凶，是心想事成的結果，
大家都有這樣的心態，也是一種人之常情。

由悔而吉，真心改過最要緊，
口是心非，那就由吝趨凶了。

從時空的變動，找出應的力量，
感應良好，自然更有利於趨吉避凶。

重卦的上下卦各有三爻，
彼此之間的承、乘關係，要清楚辨別。

自己憑良心、立公心，
可以感應他人的良心和公心。

致中和，行中道，凡事求合理，
用理智指引感情，自然就能趨吉避凶。

一、吉凶悔吝（ㄌㄧㄣˋ）是可以預知的

孔子認為「學易可以減少過失」，這是什麼道理？因為易卦對於可能遭遇到的吉凶悔吝（ㄌㄧㄣˋ），事前都預言得十分清楚。

〈說卦傳〉記載：「數往者順，知來者逆，是故易，逆數也。」我們順著時間推算，可以瞭解過去的事理。想要預測未來，那就要逆著時間推算了。逆數有前知的意思，很多自命為《易經》大師的，都很喜歡預測未來的變化，還說得很神。實際上易卦的前知，必定有事實的依據，是推理的結果，並不是毫無依據，便能夠前知五百年，這種近乎神話的預言，當然不免令人生疑。

〈繫辭下傳〉曰：「變動以利言，吉凶以情遷，是故愛惡相攻而吉凶生。」每一卦都有六爻，各爻的變化，是透過爻辭，來預言「利」或「不利」。而所說的吉或凶，則是依據事物的具體情況而變遷，於是產生「愛而相合」或者「惡而相敵」兩種矛盾的現象。爻與爻相鄰近，卻不相合，表示多凶；爻與爻相鄰又相合，那就多吉。一切吉凶，都伴隨我們的七情六慾而產生。只要我們的情緒起了愛好或憎惡的變化，吉凶便會隨之出現。心想事成，在這裡說明的十分清楚：我們的意志，可以決定吉凶。這種「不易」的原則，有待於我們在實際生活中，親自體驗印證。

自然現象，本身並沒有吉凶的分別，唯有站在人類的立場，才會有吉有凶，因而產生悔或吝（ㄌㄧㄣˋ）的反應。現代人大多用善惡來分辨吉凶，實際上《易經》是以得失來區分——有所得為吉，有所失即凶。遵循《易經》所揭示的道理，自然有所得而吉；違反易理，那就有所失而凶，這才是吉凶的原本意義。

易，逆數也

- 順著時間推算，可以瞭解過去事理，
  逆著時間推算，可以預測未來變化。
- 易卦的前知，必定有事實的依據，
  實際上是推理的結果，不是神通。
- 自然現象，並沒有吉凶的分別。
  站在人的立場，才有吉有凶。
- 現代人大多用善惡來分辨吉凶，
  《易經》卻以得失來區分。
  依易理而行，
  有所得為吉，有所失即凶。

人的意志，可以決定吉凶 ＝ **心想事成**

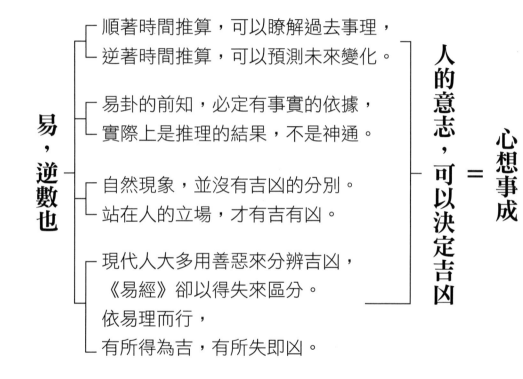

二、吉凶悔吝之外還有无咎

吉的意思，是順從《易經》所說的道理。〈繫辭上傳〉所言：「自天祐之，吉无不利。」意思是上天所祐助的人，必定順應天道，所以吉祥而無所不利。我們常把「吉利」連在一起，實際上吉是吉，而利是利。「吉无不利」，並不表示所有的利都是吉。有些利帶來吉祥，有些利反而導致不吉，也就是凶。

同樣的道理，凶必然害，而害並不一定凶。有時候看起來是害，結果卻帶來吉祥。善惡也是如此，善未必吉，而惡也不一定凶。從《易經》的道理來說，一陰一陽的變化，無論如何都是善的，並沒有相對的惡。讀通《易經》，自然明白：世界上原本沒有惡的存在，只是人所不喜歡的，就把它叫做惡。社會上有善有惡，則是人與人之間糾纏不清的結果。感情上會產生悔吝，一旦理智清醒，那就無不善了。

至於悔吝，〈繫辭上傳〉說是「憂慮之象」，意思是悔恨或遺憾，都是心中憂愁或顧慮的象徵。悔和吝是犯了過失之後，心中產生憂慮，不過「悔」字從心，而「吝」字從口，仍然有所不同。犯了過失，心中想要補過向善，叫做「悔」；犯了過失，口頭上說要補過，心裡頭卻缺乏誠意，甚至還要找理由掩飾或推諉，即為「吝」。通常的結果，是悔後趨吉，而吝常趨凶。因為不誠心改過，小過失必然變成大過錯，豈能不凶？〈繫辭上傳〉曰：「悔吝者，言乎其小疵也。无咎者，善補過也。」悔或吝，固然都有小過失，只要善於補救過錯，便可以无咎，也就是不會產生禍害。悔、吝、凶都是過失，都叫「咎」，但是善補過，即可變成「无咎」。所以「悔」而不「吝」，實在非常重要。

无ㄨˊ咎ㄐㄧㄡˋ（沒有過失）　　咎ㄐㄧㄡˋ＝小過失

吉 ←── **悔**　　**吝**ㄌㄧㄣˋ ──→ **凶**

（順從易理，有所得）

悔：
（從心）
（誠心悔過）
（善補過）
（承擔責任）

吝：
（從口）
（有口無心）
（諉過）
（推卸責任）

（違反易理，有所失）

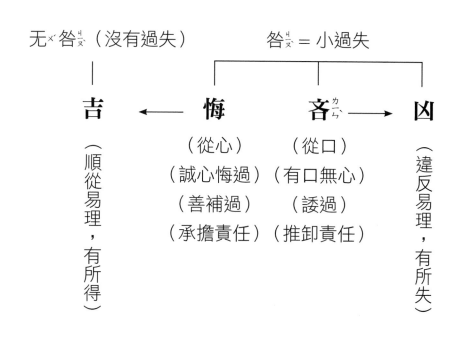

三、爻有當位的與不當位的

每一卦有六爻，由下而上，分別稱為初、二、三、四、五、上。定位的基本準則，為分陰分陽：初、三、五這三爻是陽位；二、四、上這三爻為陰位。凡是以陽爻居陽位的，也就是一卦之中，初、三、五這三個爻位是陽爻，都屬於當位；若是陽爻居於二、四、上這三個爻位，便是不當位。

當位又稱為正位或得位，表示陽爻居陽位，而陰爻居陰位；不當位又稱為失位或非其位，表示陽爻居陰位，或陰爻居陽位。當位的爻辭，通常為吉，但有其他因素影響時，也可能不吉。不當位的爻辭，大多為凶，但有時也不一定。這種情況，和正當行為不一定事事亨通；而不正當的行為，有時反而十分得意，是相同的道理。因為還有其他的因素，必須考慮在內，才能判斷出可能的結果。

在六十四卦當中，六爻全都當位的，就只有「既濟」卦（䷾）。初九、九三、九五這三個陽爻位，都是陽九；六二、六四、上六三個陰爻位，也都是陰六，所以卦辭指出事業已成，接著勉勵當事人必須保持守正以防危亂。因為一不小心，就容易變成六爻都不當位的「未濟」卦（䷿）。未濟卦初六、六三、六五這三爻，都是陰居陽位；而九二、九四、上九這三爻，又都陽居陰位，所以卦辭提醒必須勉力促成，或可得亨通。如果處事不慎，則必無所利。當位時要提防不當位的可怕，不當位時要能夠善補過，以求挽回的途徑。時時以趨吉避凶為念，所以〈繫辭下傳〉說：「作易者，其有憂患乎？」具有憂患意識，才能夠趨吉避凶。進者退之，退者進之，必須時時求得合理應變。

當位的卦象
上六
九五
六四
九三
六二
初九
既濟
6（陰位）
5（陽位）
4（陰位）
3（陽位）
2（陰位）
1（陽位）
上九
六五
九四
六三
九二
初六
未濟
不當位的卦象

四・時應承乘也有很大影響

「位」雖然很重要，卻離不開「時」。「時」如果是河流，「位」不過是水中的漂流物。地位再崇高，只要歲月如流水，屆齡退休，也一定要下台。各爻的吉凶，實際上都是以「時」為背景，以時間定吉凶。卦是時，爻是位。時一改變，吉凶也就跟著改變。重卦由兩個基本卦（三爻卦）組合而成，上三爻為外卦，也叫做上卦；下三爻為內卦，又稱為下卦。六十四卦，每卦都有內外的分別，下卦為內，上卦為外。上下卦各有三爻，一與四、二與五、三與六有互相感應的作用，稱為「相應」。「應」是同志的意思，若是下卦的初爻和上卦的四爻，一為陰爻而另外一爻為陽爻，便是「相應」。如果同為陰爻或陽爻，那就是「不相應」、「無應」或「敵應」。二爻與五爻、三爻與上爻，可依此類推。陰陽相應，大多是吉象，但也有例外。有的因為相應而得，有的反而因為相應而失，有時則由於無應而凶，必須隨著時勢而定。

和「相應」有密切關係的是「相比」。凡相鄰近的二爻，陰爻在陽爻之下，承助在上的陽爻，稱為「陰承陽」，或「柔承剛」，這種情況便是「承」，大多順而善。陰爻在陽爻之上，乘駕在下的陽爻，稱為「陰乘陽」或「柔乘剛」，這種情況即為「乘」，大多逆而劣。就陽爻來看，最好是「據陰」，也就是位居陰爻之上，可以得其用。此時位居陽爻之下的陰爻，處於承陽的狀態，也十分有利，但仍要一併考慮其他因素，才能斷定吉凶。綜合研判，不宜有所偏失。

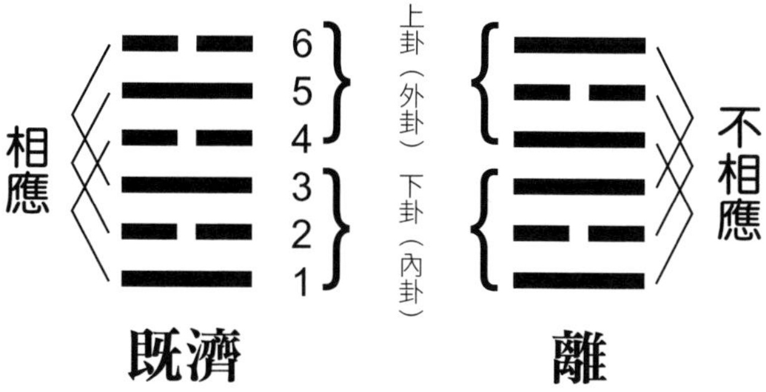
相應
6
5
4
3
2
1
上卦（外卦）
下卦（內卦）
不相應
既濟
離

承
陽爻
陰爻
（順而善）
乘
陰爻
陽爻
（逆而劣）
據
陽爻
陰爻
（陽據陰，有善有不善）

五、先憑良心再求趨吉避凶

同樣的時和位，為什麼反應不相同？主要是「應」的力量所造成的影響。「應」是看不見的那一隻手，《易經》說人與人、人與物、人與天、天與物、物與物，實際上，都有相應的力量。其中人與人的相應，特別稱為「感應」，成為我們和他人心與心感通的連繫、互動力量，對吉凶的影響相當大。

中國歷代的聖賢和偉人，都是從平凡中表現才華，並沒有什麼超能力的神奇力量。他們按照〈繫辭上傳〉所說：「二人同心，其利斷金。」的道理，深知同心協力的力量無窮，而且秉持咸卦所揭示的「聖人感人心而天下和平」，發揮「敬人者，人恆敬之」的精神，自己憑良心、立公心，得到眾人的反饋，同樣能夠憑良心、立公心，透過相互感應，收到「聖人感人心」的良好效果。

《易經》稱為「易經」，而不叫「難經」，便是要我們去掉「難」的觀念，用「易」來代替，最簡單的辦法，就是記住「天下無難事，只怕有心人」這句話。再難的事，只要心裡想著很簡單、很容易，它就不難了。這種心想事成的力量，不用白不用，為什麼不試試看呢？一切憑良心，感應得他人也憑良心，如此一來，再難解決的事，不是都能輕鬆化解嗎？

最要緊的，是要把良心和行為結合在一起，因為大多數人，都知道憑良心的重要，因此常口口聲聲要憑良心，只是在行動時，卻忘記了憑良心。不行動時憑良心，一行動便不憑良心，這種人多得很。不行動時很理智，一行動就十分情緒化，這樣的人不容易趨吉避凶，反而得自作自受。

憑良心、立公心

一般人不行動時，很冷靜，十分理智，

一旦行動起來，便很容易情緒化。

情緒和理智無法互相配合，相當於很不理智。

→

很多人不行動時，口口聲聲憑良心、立公心，

一旦行動時，就不憑良心，也不立公心。

良心和行為無法相結合，相當於不憑良心。

容易趨吉避凶

六、秉持中道以求事事合理

卦氣由下往上，所以畫卦時，也由下而上。最底下的一爻，稱為「初」；最上面的一爻，即為「上」。〈繫辭下傳〉指出：「其初難知，而上易知。」因為初爻反映事物的根本，比較不容易明瞭；而上爻是事物的末端，最後的結果反而比較明顯易懂。至於中間二、三、四、五這四爻：二多譽而四多懼，三多凶而五多功。由於第二爻居於下卦的中位，通常多有稱譽。第五爻居於上卦的中位，通常多獲成功。第三爻雖然和第五爻同樣具有陽剛的性質，卻因所處的爻位不同，通常多有凶險。第四爻通常多有憂懼。重卦之後，原本三爻卦的天、人、地三才，變成兼三才而兩之。初、二兩爻為地道，三、四兩爻為人道，而五、上兩爻則為天道。

這種二、五兩爻位居下卦和上卦的中位，由於二多譽、五多功所顯示的「居中為吉」，成為了中道的依據。然而，《易經》認為宇宙萬物變動不居，不可能有固定不變的位置。「中」的意思，應該是「合理」。而合理與否？必須配合時、空的變化，依據「應」、「承」、「乘」等關係，來加以妥當的調整。《易經》講求「時中」，便是「無一時不合理」，也就是「無一事不合理」，合乎中庸之道。

西方人辨明是非，只就事理上著眼，對事不對人。炎黃子孫分辨是非，必須分到圓滿的地步，大家才會覺得滿意。圓滿的意思，其實就是大家都有面子，才不致產生紛爭。我們必須採用「合」的觀點、「全」的立場，所以不可能對事不對人。研習《易經》的道理，更加容易做到事事都合理。

中道 → 中庸之道 → 無一事不合理，時時刻刻都合理 → 時中 → 居中為吉 → 二、五兩爻皆吉 →

（天道）6 上 易知
5 五 多功（上卦中位）
（人道）4 四 多懼
3 三 多凶
（地道）2 二 多譽（下卦中位）
1 初 難知

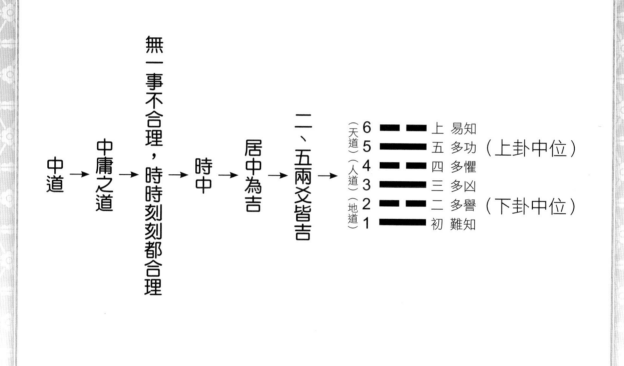

我們的建議

1 趨吉避凶，是大家共同的願望。求神拜佛、占卜問卦，只能當做輔助。最重要的，還是要靠自己做人做事都力求合理，明白「自作自受」的道理，並且貫徹奉行。

2 《易經》取法天地的變化，透過陰陽兩個符號來設卦垂象，告訴我們進退應對的道理。只要能適時持經達變，便能依據原則做出合理的變通。盡量在圓滿中分辨是非，發揮「善補過」的精神，有所得而漸趨於吉，而遠離於凶。

3 我們處在吉順的時候，最容易得意忘形，難免有一些小缺失，也不願意誠心誠意地善補過，反而用「吝」的態度，盡量推諉責任，於是凶便隨之而至，這才開始後悔。這種由吉而吝，招來凶禍才心生後悔的態度，最好能夠及早加以反省改進。

4 老子說：「禍兮福之所倚，福兮禍之所伏。」一般人都會背誦，卻不能體會其中的道理。人生不如意事十常八九，大家都應該堅忍耐煩，才能收趨吉避凶的效果。

5 卦是時而爻為位，再加上看不見的應，以及承、乘、據的關係，這些都必須綜合起來用心研判，才得以論斷吉凶。關鍵不在利害，而在於得失：有所得為吉，有所失即是凶。

6 憑良心、立公心、求合理，是趨吉避凶的主要力量。主導權在我們自己，只要意志夠堅定，自然能夠心想事成。按照這種簡而易行的方法去做，才合乎《易經》時時刻刻求合理的時中精神。

《第六章》

道德修養
的意義為何？

宇宙萬事萬物，各有不同本性，
然而不同之中，必有共同的通性。

物質方面，個別差異很大，
各有不同需求，各有各的表現。

只有仁是萬事萬物的共通需求，
秉持仁道則生，不仁就會麻木而枯死。

仁是人固有的，也是萬物所固有的，
仁不是固定的德目，而是道德的根本。

做人必須孜孜不倦，終生追求仁德，
所以道德修養才是做人的真正共同根本。

透過道德修養，可以通天道和地道，
人道的價值，也能夠因此而長久弘大。

一・道在肉身可惜難以覺察

《易經》所說的天道、人道、地道，實際上都存在於我們的身上。因為天道和地道，都需要人來輔助。這種「贊天地之化育」的責任，使人成為萬物之靈。人只要以人道通天道和地道，必然可以人定勝天，而且沒有不良後遺症。

道不能弘人，雖然道存在於人的肉身，人有手、有足、也有腦，卻不知道用心，也是徒然。唯有人才能弘道，只要有心，一切都在我的掌握之中，當然隨時隨地可以弘道。

由於眼睛向外長，使我們只看到外面，卻看不見內心的深處。向外學習很多知識，仍然不明白道理，這是現代人普遍的通病。原本講求「由情入理」，如今情不見了，理又建立不起來，難怪中不中、西不西，愈來愈不知如何是好？最好的辦法，莫過於正本清源，好好研讀《易經》，弄明白我們長久以來，知其然而不知其所以然的學問，釐清其中所蘊含的道理及真正的用意。把基本原則確立起來，然後持經達變，才能夠國際化而不失去自我，現代化卻不忘掉根本。認識自己的面目，才有資格做真正的我。

我們是《易經》的民族，易道早已和我們的肉身共存。可惜一般人無法覺察，反而捨本逐末，去學一些微枝末節，把整全的概念丟掉了，非常可惜。

易道主張一分為二，而二合為一。合大於分，這和西方的分大於合，其基本精神並不相同。二十一世紀全球化，必須以合大於分、具有廣大包容性的易道為基礎，才能夠順利完成。所以全球熱烈研習《易經》，已經形成一股新的風潮，而且日愈旺盛。

道在肉身

- 天道、人道、地道，都在我們的心中。
- 道不遠人，因為原本就在我們身上。
- 正本清源，把《易經》的道理弄明白。
- 反過來看自己，才能夠瞭解自己，接納自己。
- 看清自己，自然能夠做好自己。

自我覺察，務求瞭解自己

二、以人為本發展整體思維

所有的學問，都是為了人的需要，才會發展出來。從最古老的神話，到宗教，再由哲學而科學，都是為了要解決宇宙人生的種種疑惑。但是，我們不能忘記，人類不過是宇宙的一部分。宇宙是一個大太極，我們只是一個個小太極。我們思慮任何問題，都應該站在宇宙整體的立場。必須發展出整體思維，才能兼顧並重，面面俱到。

「一陰一陽之謂道」，告訴我們萬事萬物都出於一陰一陽的二合為一，必須依據一陰一陽的規律而變化。沒有陰陽交錯的基本矛盾，八卦、六十四卦就無法成立。矛盾不必對立，以免引起衝突，卻應該及時加以化解，務求大化小，小化了，以達到和諧發展的效果。陰陽的變化，永遠不停滯，然而變化的規律，卻永遠不變。我們把不變的法則，看做「經」，然後持經達變，以求制宜，求得隨時隨地都合理的化解方法。這種簡單、明瞭、易行的整體思維，不但放諸四海皆準，而且歷久彌新。既能天人合一，又可以包容各種族、各地區、不同文化的特殊性。依求同存異的原則，在和而不同的氣氛下，達成地球村的大同（小異）理想，實在是二十一世紀人類共存共榮的最佳途徑。

《易經》的整體思維，可以用「和、合」兩字來描述。「和」指和而不同，「合」為合中有分。「和而不同」，表示大同之中有小異，必須互相尊重，不能勉強求其一同；「合中有分」表示全球化應該尊重本土化，以保持世界的多樣化，符合生態發展的需求。和為貴、合為先，是世界大同的總原則。

- **以人為本**
  - 和
    - 和而不同，互相尊重。
    - 全球化包容本土化，
    - 多元多樣共存共榮。
    - 大同之中有小異。
  - 合
    - 合中有分，不勉強求一致。
    - 分中有合，務求合大於分。
- **合為先**
- **和為貴**
- **整體思維**

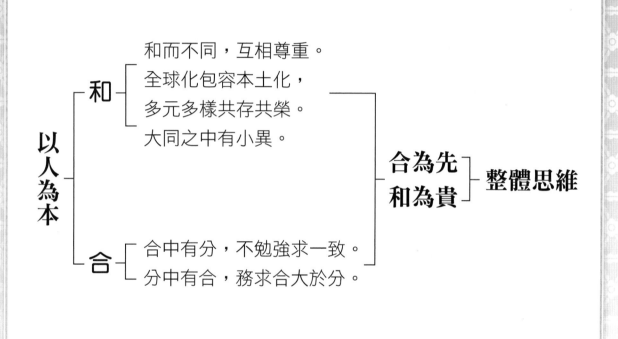

三、德本才末以道德為根本

「道德」這兩個字，原本是分開的。「道」就是道理；「德」是得的意思，把道理付諸實踐而有所得，便是「德」。「道」表示明白《易經》的道理，「德」是指把《易經》的道理，應用在日常生活當中，獲得具體有效的良好效果。易卦六爻，分成天道、人道、地道三才。這三才的位置不同，卻都是以陰（⚋）、陽（⚊）兩種符號所組成。陰陽已經不是天、地或人特有的形象，而成為天地萬物的共象。天道與地道分不開，人道也不能離開天道和地道，所以天、人、地的整體和諧與協調，便顯得十分重要。

我們放眼世界，只有人才可以與天地合一。人道能成天道，人德能承接天德。天道因人道而彰顯，所以人能弘道。但是人力畢竟十分有限，而天道無窮。我們所能做的，不過是發揮仁心，以感應天地與他人。在物質方面，我們不可能照顧到每一個人；然而精神方面，卻是可以推己及人，既久且遠。換句話說，我們在許多方面，都無法與天地相通。只有在道德精神方面，可以隨時和天地萬物相合。

〈繫辭上傳〉說：《易經》的道理，和天地相近似，所以不致違背天地的道理。能明白易理，既涵蓋萬物又足以匡濟天下。行為不會過頭，樂從天道，謹守本分，自然不會憂愁。安於所處的環境，敦厚地施行仁義，自能愛己愛人。一切的才能，都要以道德修養為基礎。品德良好，又有才能的，叫做才德兼備。有德有才，當然最好。若是有才無德，那就非常可怕，不如無德也無才，反而來得安全。德本才末，是我們檢驗人才的基本準則，迄今仍然至關緊要。

天

頂天

與天地合一，
人道能成天道，人德能承接天德。

人能弘道，
天道因人道而彰顯。

人

以仁心感應天地及他人，
推己及人，既久且遠。

德本才末，
有德者最好能有才，有才者必須有德。

立地

地

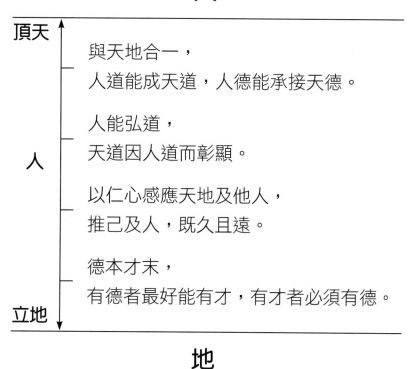

四・仁義道德主宰時代盛衰

卦有六爻，分為三才。初、二兩爻為地道，以剛柔為主；三、四兩爻為人道，以仁義為主；五、上兩爻為天道，以陰陽為主。地最重視規矩，無論開墾、挖掘、種植、施肥、收割、建屋、排水等等，如果不依循既定的方法處理，很可能會出大問題。地表現得相當乾脆。能就能，不能也毫不客氣地不予接受，這種剛柔分明的特性，十分明顯。天和地剛好相反，不明白表示，只是陰陽變化不定，讓人自己去猜測，還經常猜不透，也測不準。人處於天地之間，一方面要腳踏實地，規規矩矩，有地道的精神；一方面又要學習天的模糊和變化，於是「無規矩不足以成方圓」，就成為做人的原則。先站穩足部，再求表現手足的技巧。摸索了很久，終於找到了「仁」和「義」這兩個最基本的要件。

從歷史上看，中華民族可以在所有變化、動亂、災難之後，恢復原先的社會秩序，真正做到《三國演義》所說：「合久必分，分久必合」，便是基於這種人道的修養。

我們甚至可以說，中華民族的歷史，從看得見的方面來說，是英雄豪傑的豐功偉績所造成。然而由看不見的那一方面來說，可以發現自古迄今，是一群默默無聞，卻始終堅持仁義道德的賢士，在承先啟後、一以貫之。在中華民族漫長的歷史洪流中，凡是宏揚仁義道德的，必屬盛世；相反的，不重視品德修養，不仁不義的時代，自然衰落。看起來是了不起的人在改變時勢，實際上卻是仁義道德在主宰時代興衰。人道的力量，實在不容忽視。

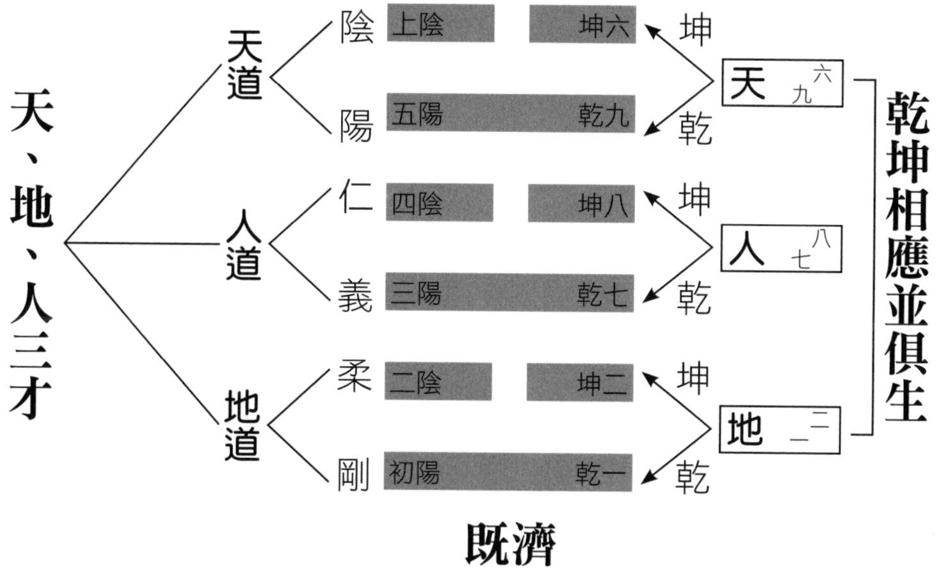
天、地、人三才
天道
人道
地道
陰
陽
仁
義
柔
剛
上陰
坤六
五陽
乾九
四陰
坤八
三陽
乾七
二陰
坤二
初陽
乾一
坤
乾
坤
乾
坤
乾
天 六 九
人 八 七
地 二 一
乾坤相應並俱生
既濟

五・人生在世共同做一件事

一樣米養百樣人，表示人人都有個別差異，我們既不能也不必求其一同，只能大同小異，共同維護社會秩序。大家應該求同存異，彼此包容，互相尊重，保持和而不同的心態。

共同的事情，說起來只有一種，那就是品德修養。只要品德修養相同，其他生活方式、專業技能大可以不同。《易經》的整體思維，告訴我們人與天、人與人、人與物，都應該互相依存，無法獨立。因此我們的「人倫本位」和西方的「個人本位」，出發點既不一樣，所發展出的人際關係也就大不相同。我們重視義務，西方強調權利；我們要求合理，西方重視合法。地球村的潮流，不論是西方壓倒東方，還是中國壓倒外國，結果都不可能持久，而且還可能引起劇烈的抗爭。就算真的做到了，也嚴重違反了多元發展、多樣生存的自然法則。而承受這種惡果的，必然是人類自己。

要解決二十一世紀的最大難題，也就是消彌全球化與本土化的矛盾與衝突，最好的方法，依然是把人生共同的課題——道德修養落實好。共同以和合的仁義精神，好好商量，謀求化解，而不是動不動就要談判，或是一心要求速戰速決。

人和一般動物最大的不同，在於具有精神生命。隨著歷史的演進，經過無數經驗的教訓，心智終於逐漸成熟。開始發現自身處於變化莫測的自然環境裡，不僅僅是一個物質生命的存在，同時也是一個精神生命的存在。我們能自主，有創造力，必須提昇道德修養，才能夠不辱「人之所以為人」的「性命力」，而不是活著就好的「生命力」。

要不要像個人樣？

自我定位

人人都有自主性，
我們都應該加以尊重。

有些人認為自己和一般動物沒有兩樣，
像動物那樣活著就可以。

有些人則相信人為萬物之靈，
必須有別於一般動物。

這種自我定位由各人自作自受，
不必勉強，也無法偽裝。

六、道德促使社會愈變愈好

一卦六爻，分上下兩個基本卦。二爻與五爻為中，且以六二和九五為既中又正，大多為吉。中華文化自伏羲、神農、黃帝、堯、舜、禹、湯、文、武、周公、孔子，以至於現代，一脈相承，都秉承《尚書》所說：「人心惟危，道心惟微，惟精惟一，允執厥中。」的中道精神。其根本原理，即是《易經》在不斷變易的情境中，尋求合理的平衡點，以獲得圓滿的適應。由各人的「時中」，謀求整體的和諧發展。我們是《易經》的民族，在此獲得更進一步的證明。

變是必然的，但也是十分危險的，因為時間會往壞的方向移動——人愈變愈老、東西愈變愈舊、事情愈變愈糟。我們常說「人生不如意十常八九」，便意味著「變有百分之八十是不好的，只有百分之二十是好的」。這種二十／八十定律，對變化來說，也不例外。我們不可不變，卻不能亂變。意思是我們必須做好控制，在百分之二十的良好效果範圍內適當應變，也應該在百分之八十的不良後果範圍內，做出更為小心謹慎的調整。由此可見，道德修養對於變好、變壞的關鍵性作用，實在不容忽視。

〈繫辭上傳〉說：「變而通之以盡利。」意思是變化會通三百八十四爻來施利於天下。〈繫辭下傳〉說：「易窮則變，變則通，通則久。」告訴我們《易經》的基本道理，在於事物窮極了就會發生變化，變化了自然通達，通達了就能夠持久。只要我們提昇自己的道德修養——大家憑良心，時時立公心，自己先力行，人人如此，自然就能合理變通而生生不息。

提升自己的道德修養

- 大家憑良心
- 時時立公心
- 自己先力行

社會愈變愈好

- 在不斷變易的情境中，
- 尋找合理的平衡點，
- 以獲得圓滿的適應。

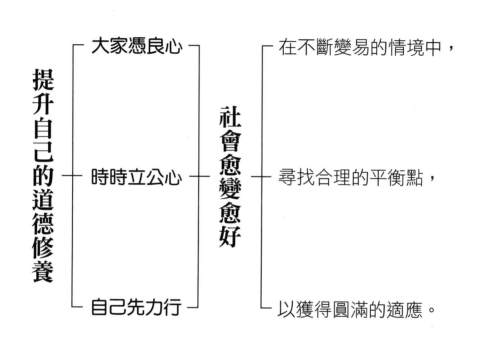

我們的建議

1 長久以來，人類走向偏道，遠離中道，以致愈變愈亂，愈來愈不安寧。其主要原因在於望文生義、不求甚解，而且還自以為是，造成對《易經》的扭曲、誤解、輕視。

2 最好的方法便是彼此勸勉，共同以「大家憑良心、時時立公心、自己先力行」互相勉勵。把易理的中道精神，及早恢復起來。由人類自救，進而挽救世界！

3 二十世紀西方科學發展神速，使大家從「質能互變」中，回頭看見《易經》「陰陽互變」的智慧光芒。可惜《易經》所重視的「道德」，迄今仍然被「科技專業知識」所淹沒。把「道德修養是做人根本」的道理，給從頭到尾徹底地遺忘了。

4 我們把道德的意義，說到大家都聽不懂；把道德的標準訂得太高，弄得大家都做不到，因此有很多人自動放棄，寧願做一個不憑良心的人。從這個角度來看，人類是退步的，並不全然是進步的，值得大家深思。

5 二十世紀最不幸的觀念便是「求新求變」。大家盲目地認為新就表示好，而舊的便應該淘汰。把變當成是唯一的途徑，不久的未來，就會變得江郎才盡，以致亂變到不知如何收拾殘局才好的局面。

6 人類想要自救，最好的方法，便是重新好好認識道德的價值，及其對人類、對宇宙萬事萬物的重要性。離開了道德，人類不過是自己創造出來的器物、制度、知識所利用的工具與役使的奴隸！

《第七章》

宇宙

可能永續經營嗎？

現代社會若要追求永續經營，
唯有和平發展這條途徑才可行。

和平與發展，兩者若是缺一，就沒有希望可言，
不是同歸於盡，便是一起餓死。

人人必須下定決心，
只要我活著，就不讓人類毀滅！

死了以後怎麼辦？
活著的人就要自己要想辦法。

多研讀大象、小象，對卦名也要多加玩味，
只有先求通天下之志，然後才能成天下之務。

一、和平與發展任重而道遠

陰陽平衡，不過是理想的狀態，六十四卦當中，只有「既濟」（䷾）卦做得到。即使如此，卦辭仍然提出「初吉終亂」，也就是剛開始時很好，不久就會引發動亂的警告。因為平衡的狀態，隨時會受到內外環境的變數干擾，又變成不平衡。不平衡時謀求平衡，平衡時又被打破，形成不平衡。這種變動不居的宇宙現象，使得人類時時刻刻都有事情要做，必須活到老學到老才有樂趣。

人類的歷史，就是循環往復、周而復始的周流過程。〈繫辭下傳〉說：「周流六虛，上下无常，剛柔相易，不可為典要，唯變所適。」意思是平衡與不平衡的變動，普遍流行於各卦六爻之間，向上或向下，沒有一定的法則。陽剛與陰柔也互相變易，不能拘執於一定的規格，只是按照所適合的方式，不斷地變化。六十四卦的次序，由乾、坤、屯（ㄓㄨㄣ）、蒙……一直發展到既濟，已經完成圓道周流。未濟又開始步入另一個圓道周流。生生不息，卻一起一伏，形成我們常說的「風水輪流轉」，有時東風壓倒西風，有時則是西風壓倒東風。形勢比人強，所以說「一切有定數」。

現代社會由於科技發達，武器的威力十分可怕，人類必須和平發展，別無其他辦法。因此和平與發展，成為廿一世紀人類唯一可行的途徑。然而長久以來，人類好戰成性，又擁有十分可怕的武器，可以說格外危險。《易經》的「一陰一陽之謂道，繼之者善也」，應該是地球村的共同認知，才不致由於擦槍走火，造成無法彌補的不幸。我們認為和平不能流於口號，必須及早形成人類的共識。中華文化在這一方面，可以做出最大的貢獻。

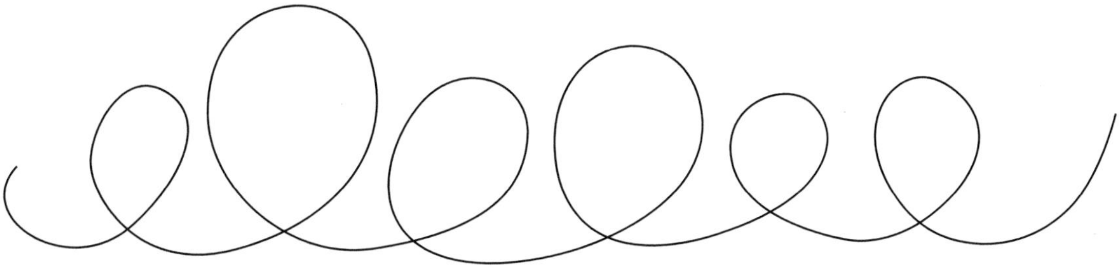

歷史會不斷重現，但是每一次都不一樣。
平衡時打破平衡，不平衡時謀求平衡。
只要人活著，就永遠有做不完的事情。

二、永續經營是人類的責任

〈繫辭上傳〉開宗明義，指出「天尊地卑，乾坤定矣」。天在上而尊，地在下而卑，用意在提醒我們：天是精神的代表，地是物質的呈現。為了避免重視物質而輕忽精神，所以才特別分出尊卑，使大家知所警惕，而自我改善。

《易經》以精神為「上達」的對象，而視「物質」為下學的項目。用這樣的觀點，來探究孔子「下學而上達」的主張，應該比較容易瞭解。物質只提供我們生存的保障，精神才能使我們生活得更有意義與價值。三才的天道表示精神界、地道表示物質界；人道的上爻代表精神界，下爻則為物質界。可見人雖然經過下學，可以瞭解並運用物質以謀求生存，但仍必須要上達以瞭解天命，才能夠妥善完成應盡的責任。我們的天命，即在「贊天地之化育」，期待能夠永續經營。

從《易經》的角度來看，天下的事物，各有不同的開闔。開就是陽（⚊），表示電流接通了，可以產生動能，發生作用；闔便是陰（⚋），表示電流中斷了，電能不流通，暫時無法發生作用。開闔不但要靈敏，而且還應該適時完成必要而妥當的操作，才能合乎「一陰一陽之謂道」的要求，保持正常作業。

《易經》的宇宙觀，是從仰觀俯察的實際經驗而來，既不迷信，更合乎科學精神。只要去私心、存公道、不忘本、不忘恩，應該就很容易明白自己的責任為何？

人人都是一個太極，有物質的需求，也有精神的覺醒。上半夜想想自己，下半夜也應該想想別人。有所變也有所不變，時時以合理為訴求，凡事好商量，人類就有福了。

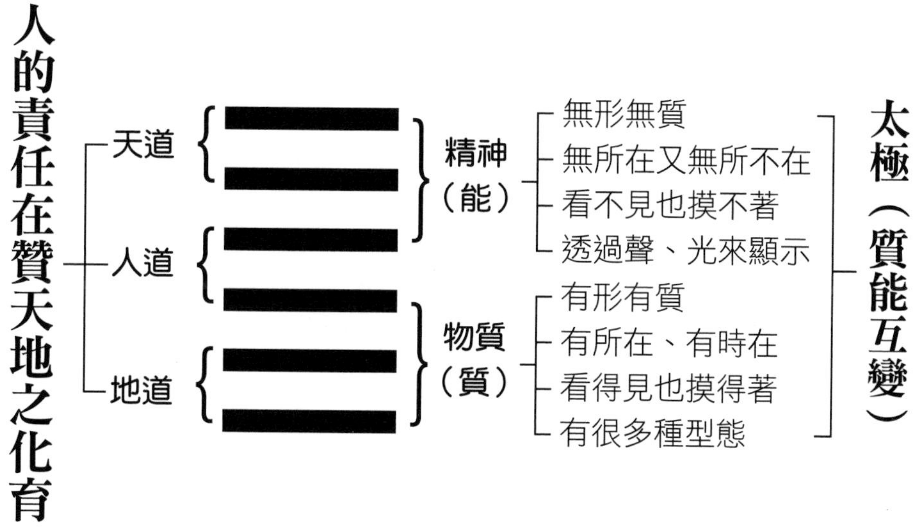
人的責任在贊天地之化育
天道
人道
地道
精神
（能）
物質
（質）
無形無質
無所在又無所不在
看不見也摸不著
透過聲、光來顯示
有形有質
有所在、有時在
看得見也摸得著
有很多種型態
太極（質能互變）

三、回歸原點以求重新出發

天地生萬物，為人類所用。人類有能力參與天地的化育，必須設法使宇宙萬物生生不息，永續經營。然而宇宙是虛空的，天地才是真實的。乾為天、坤為地，是《易經》這個大家庭的父母。〈序卦傳〉不稱乾坤而直接指出天地，便是彰顯天地的永恆存在。上經從乾坤始而以坎離終，共三十卦，以天地水火為主，著重於自然現象，透過天道來說明人道；下經由咸恆開始，一直到既濟、未濟，共三十四卦，以人文為主，但仍取法於自然，告訴我們最好配合天道、地道，以克盡人道。從乾坤兩卦，演變到既濟、未濟兩卦，乾坤仍在其中。孔子在〈序卦傳〉中說得十分清楚：「有天地然後有萬物，有萬物然後有男女，有男女然後有夫婦，有夫婦然後有父子，有父子然後有君臣，有君臣然後有上下，有上下然後禮義有所錯（措置）。」可見夫妻之道不可以不長久地存在，所以在象徵男女交感、夫婦之義的咸卦之後，接下去便是恆卦。表示男女一旦成為夫婦，便應該持之以恆，永結同心，白頭偕老。

人道的倫理道德，從夫婦開始。乾道成男，坤道成女。乾坤定位，表示男女平等而性質不同。現代人只重視平等卻不理會不同的性質，以致乾坤不能定位，一切都亂了規矩。我們呼喊要回歸原點，卻不知道原點在哪裡？乾坤不定位，其他還有什麼可為？五倫都亂了，還奢談什麼第六倫呢？回歸原點，把乾坤定位，好好整理一番。繼舊開新，看看能不能有一番新的氣象。人類未來的希望，即在於此。

我們認為行事務實，不盲目求新求變，應該是回歸原點的最佳原則。

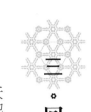

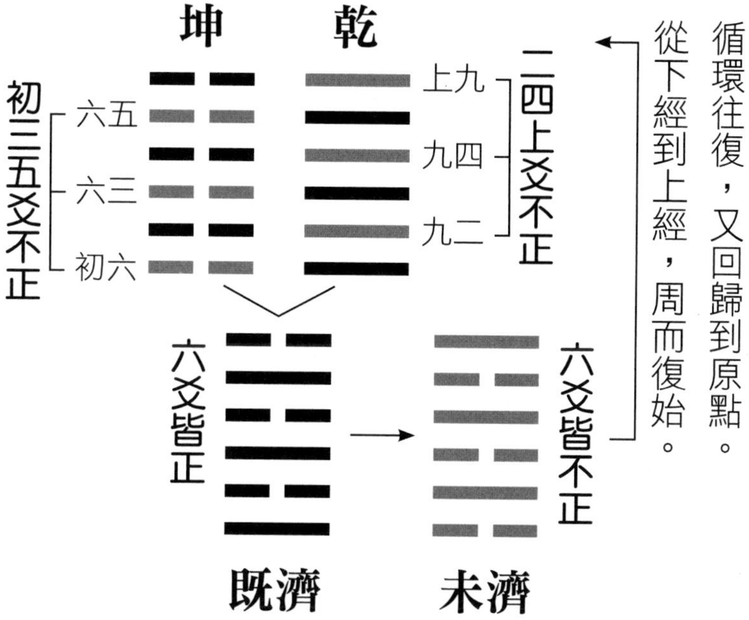
坤
乾
上九
九四
九二
六五
六三
初六
初三五爻不正
二四上爻不正
六爻皆正
六爻皆不正
既濟
未濟
循環往復，又回歸到原點。
從下經到上經，周而復始。

四、易經大家庭的陽息陰消

八卦的變化，可以用陽息、陰消來觀察。陽九之動始於震，表示陽的性質向上增長。在純陰的坤卦中，一陽開始出現於下，向上息長，也就是增長的意思。由一陽震、二陽兌，到純三陽乾，這時候陽氣已經息長至極。陽極（老）則一陰（少）生於乾中，而成為離。陰包在陽中，便是陽中靜態的陰，稱為「陰八之靜」。反過來說，陰六之動始於巽，表示陰的性質向下消剝。在純陽的乾卦中，一陰開始由下向上消剝。於是一陰巽、二陰艮，以至於純三陰坤，這時候陰氣消剝至極，陰極（老）而一陽（少）生於坤中，而為坎。陽包在陰中，即為陰中靜態的陽，稱為「陽七之靜」。我們常說的「消息」，其實就是陽向上增長，而陰向上消剝所產生的變化。今天稱為訊息，意思是一樣的。

陽的功能，在使陰減少；陰的功能，同樣在使陽減少，並沒有善惡、好壞、利害的分別。還是一句老話：合理就好。在《易經》這個大家庭當中，乾代表父、坤即為母。震是長男，坎為次男，艮即少男。乾為老陽，震、坎、艮是少陽。巽是長女，離為次女，兌即少女。坤為老陰，巽、離、兌都是少陰。乾坤生六子的步驟，便是〈繫辭上傳〉所說的：「乾道成男，坤道成女」。少陰、少陽、老陰、老陽就是四象，可以用「七（少陽）八（少陰）九（老陽）六（老陰）」這四個數字來表示。乾坤定位，父母扮演好父母的角色，善盡父母的責任，其餘各卦自然隨著定位，也就是子女扮演好子女的角色，善盡子女的責任。重新加強家庭教育，重視人倫，才是回歸原點的正確做法。

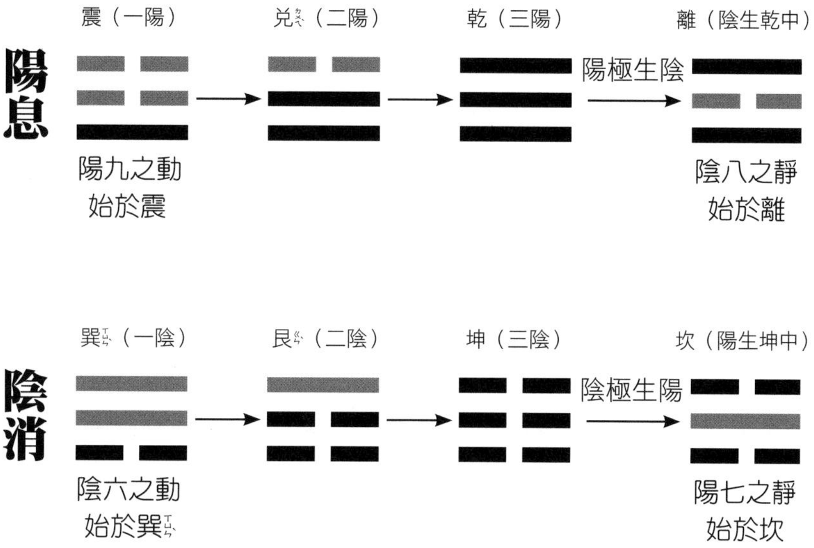

（本圖採自周大利著：周易要義）

五・從家和萬事興到致中和

《易經》大家庭的基本成員，以八卦為代表，看起來為數不多。然而八卦相乘，重為六十四卦，表示宇宙萬物的生生不息。其中的基本原理，便是我們常說的「致中和」。

古人的婚禮中，既不是新娘自己投入新郎的家，也不是由新娘父親、兄長，或是其他長輩把新娘交給新郎，而是新郎必須親自以花轎到女方家中迎娶，充分顯示出對新娘的高度尊重。婚禮開始，新郎與新娘左右並立，一拜天地，二拜祖先，三拜高堂，然後夫妻互拜。除了表示尊敬天地、祖先、父母之外，還要夫妻互相尊重。結了婚的男人，應該要有正當可靠的工作，好好養活自己的家。夫妻不能過分重視性愛，或者在性愛方面無限制享受，以致很快就力衰情竭，彼此產生惡感。最好能培養更高層次的共同目標與興趣，避免因冷漠而導致婚變。

家和萬事興，說起來容易，實際上牽連的因素很多。從不忘根本、夫妻有別、父慈子孝、兄友弟恭、鄰居有義，都離不開良好的品德修養。人人以致中和為共同目標，在和平中求發展。唯有如此，才可能孳生繁衍、生生不息。

現代人只談戀愛不結婚，或是大腹便便猶未結婚，居然還上電視侃侃而談，毫無羞愧感；也有歹徒為了詐取保險金，居然謀殺妻小或父母……試問：即使科技再發達，教育再普及，又有什麼用呢？

從乾坤定位著手，以家和萬事興為共同努力的目標，而不再是以「只要我喜歡，有什麼不可以」的個人主義自居。然後推而廣之，逐步致中和，人類才有光明的未來。

家和萬事興

- 從擇偶開始，慎選合適的婚姻對象。
- 最好一生只談一次戀愛，也只結一次婚。
- 戀愛的對象就是結婚的對象最為幸福。
- 結婚後要尊敬天地、祖先和雙親。
- 夫妻間也應該彼此尊重。
- 在性愛之外，也應該有共同理想及興趣。
- 父慈子孝、兄友弟恭、鄰居有義。
- 人人重視品德修養，共同以致中和為目標。
- 重視家庭教育和生活，不能以個人主義者自居。

致中和，萬物育焉

六、易經在廿一世紀的效能

現代人相信「知識即力量」，可以提升生存能力，提高生活品質。科技發展主導了快速的改變，導致生態與環境的破壞。偏重智育而忽視德育的嚴重後果，更促使贏家愈來愈強，輸家愈來愈弱。M型社會固然是事實，卻具體表現出人類的不憑良知與缺乏羞恥心。為了自身的利益，運用謀略巧取豪奪，似乎是理所當然，甚至於獲得讚許。

站在人類永續經營的立場，令人不禁懷疑：晚近四百年間，由西方所主導的價值取向、文化目標，是不是應該重新加以檢討？而我們經常掛在口頭上的普世價值，是不是需要加以合理的調整和改變？因為若是按照目前的情況繼續發展下去，前景似乎十分不樂觀，使人膽顫心驚、至感不安。

《易經》認為宇宙間的天地交感，組成了和諧共生的生態網。人與人之間必須有所覺悟，唯有「通天下之志」，才能「成天下之務」。成就天下的一切事務，先決條件是通曉天下人的心志。心志相通，是齊家、治國、平天下的基礎。如何才能夠心志相通呢？同人卦指出，只有具備正德的君子，才有可能與天下人心志相通。換句話說，我們應該多研讀象傳的大象、小象，對卦名多加玩味，從多種角度觸發道德實踐的意念，經常提醒自己何德何能，再加上謙恭與自省。這樣的態度，並非缺乏自信，而是對上天有信心。明白自己能通天下之志，是上天保祐，並非憑藉一己的知識和能力所能夠完成的。有了良好的道德實踐，知識當然就能成為力量。否則仁智不能互動，擁有較多知識的人，無法善用知識，反而以知識為武器，用以欺騙比較缺乏知識的人，當然會造成很多社會亂象。

二十一世紀是突變的時代

- 地球資源被浪費
- 自然生態被破壞
- 社會正義被漠視
- 弱勢族群被欺壓
  - 造成這種亂象
  - 是晚近四百年來的惡果

- 暴力、走私、販毒智能化與國際化
- 人倫道德的墮落與危機
- 恐怖主義、邪教威脅人類的安全
- 新生代對未來的迷茫與不安
  - 這些日愈嚴重的問題
  - 人們似乎束手無策

- 寄望易理輔助化解
  - 通天下之志
  - 成天下之務
  - 不疾而速
  - 不行而至
    - 對上天要有信心
    - 時常反省何德何能？

現有普世價值必須重新檢討

我們的建議

1 不要老算過去的舊帳，而是要向前看，多想想未來應該怎麼辦？過去的歷史，不能夠當做包袱。它是一面鏡子，使我們學得寶貴的教訓，並思慮未來應該走的途徑。

2 現有的普世價值，發展了幾百年，目前已經漏洞百出，經不起考驗。這並不是對與錯的問題，而是現有普世價值不夠周密，也不夠周詳，所以必須加以調整，以求符合時代的演變。

3 最好的方式是回歸原點，然後重新出發。人性的原點，其實就是宇宙的原點，具體而言就是一個「仁」字。知識既然發展，就不可能也不應該回到從前。然而若是仁智不能並重，知識便可能成為害人的工具——這一點已經成為事實，必須及早加以改善。

4 光憑陰陽的符號，頂多看出一些近似形象，很難體會出其中的道理。透過卦名和卦義，才能夠明白道德實踐的指引。只要多加玩味，便能得到更深一層的領悟。

5 相較於近來愈變愈快的幾個世紀，二十一世紀可稱得上是一個突變的世紀。說起來，這也是我們相信「求新求變」的必然結果，我們在自作自受之餘，也應該負起應變的責任，絕對不能輕忽。

6 如此看來，《易經》在二十一世紀的功能，實在十分清楚。二十一世紀需要易道的指引，易理將在二十一世紀獲得發揚，這點幾乎無可懷疑。炎黃子孫若是能把易道重新整理、發揮力量，應該就是對世界人類的最大貢獻。

《第八章》

易經
又是如何開始的？

想瞭解《易經》開始的情況，
請模擬伏羲氏當年的自然景象。

當時環境既單純又自然，
人心也相對地簡單而純潔。

但是隨著時代的變遷，
顯秩序和隱秩序愈來愈遙遠。

這時候回想《易經》開始的情況，
對回歸原點、正本清源有很大的幫助。

天地萬物的變化，只有一個道理，
我們把它稱為象數理的連鎖作用。

道德人格才是最主要的關鍵，
保持善的方向不變，才是正道。

一、想一想伏羲當年的情況

要瞭解《易經》的起源，必須先想像一下伏羲氏當年所處的環境。那時所能看到的景象，到底是什麼樣子？既沒有現代的高樓大廈，天空底下最高的就是樹，風吹來樹枝、樹葉會跟著擺動，所以天底下動的就是風（☴）；那時沒有行駛起來會有震動感的地下鐵道，因此地底下動的只有雷（☳）。當時的環境十分自然，人心也相對單純，八個基本卦，也就夠用了。由於一陰一陽之謂道，天底下如果有看得見的顯秩序，就一定有看不見的隱秩序。伏羲氏的時代，人為造作很少，顯秩序反而不明顯。自然的景象居多，人們很習慣於隱秩序。即使逐漸增加一些顯秩序，也大多引申自隱秩序，彼此相當吻合，沒有什麼「天定勝人」或「人定勝天」的爭論。經過伏羲氏的指引，大家都接受宇宙是一個大太極，人人都是一個小太極的觀念，真的十分簡易。

伏羲氏最大的貢獻，是以他的智慧，為人民定出了方向。如果他指出所有的秩序都是由神主宰，中華民族勢必走向宗教途徑。然而，伏羲氏並沒有這樣做，直到現代，我們仍受到他的影響，有信仰而沒有宗教，成為最大的特色。「智慧」和「知識」不同，方向的指引主要靠智慧。中華民族，本來很有智慧，現代卻丟失了。學了很多知識，只落得小聰明——得到小聰明，失去大智慧，是現代中國人最大的不幸。伏羲氏的時代，人和神是同一的，既沒有神聖的靈光，也沒有迷信的色彩。對於易傳所說的神，我們應該深入體會，才不致為小聰明所誤！

中華民族的共同信仰，便是道德。我們認為所有的宗教，都是人類與大自然的橋樑。其中的媒介，即為道德。

伏羲氏當年的情況

天圓地方，日月依序運行。

天底下最高的是樹木，風一來樹枝就搖動。

天空中一片虛空，火燃燒時照亮天空。

天的倒影呈現在湖潭中，形成天在湖水的下面。

地上面最高的是山，不移動，好像停止在地上。

大地當中有水流，不間斷地由西向東流動。

地下震動時，大家就知道打雷了。

中華民族有智慧，是來自於伏羲氏的啟發。

現代人只有小聰明，卻丟掉了大智慧。

人與神同一沒有迷信

二、神就是知變化之道的人

〈繫辭上傳〉說：「知變化之道者，其知神之所為乎？」懂得變化規律的人，知曉神明的所作所為，大家也就把他當做神了。我們把通達變化的人，稱為瞭解事態，把陰陽變化不可測定的事態，叫做神妙。若是有人能夠掌握未來的變化、摸清楚神妙的事態，那當然是神明，用不著懷疑。

《易經》本身既沒有思慮，也沒有作為。它寂靜不動，卻能夠透過陰陽交感而通曉天下萬事萬物。如果不是天底下最神妙的道理，又有誰能夠達到這種境界呢？

「坤」表示關閉門戶，把萬物閉藏起來；「乾」代表打開門戶，把萬物吐生出來。這樣一關一開，便是常見的變化。用來推知未來的變化，叫做「會通」。人們把變化顯現出來，稱為「表象」。變化成有形器具使用它，就是「效法」。人們反覆不斷地利用這些器具，卻不知道它們的原理，豈不是十分神妙？

孔子不說怪、力、亂、神，卻在《易傳》中說了不少的神奇、神妙、神明、神靈，他還原了伏羲氏心目中的神，卻巧妙地否定了殷商時代，人們走火入魔式的迷信神。

伏羲氏告訴我們，獲得來自上天的祐助，才能夠吉祥而無所不利。但是他又指出：「天下之動，貞夫一者也。」意思是天下萬事萬物的一切活動，都應該堅守貞正的精誠專一，也就是回歸原點，既仁又誠。可見上天祐助與否？完全端視我們的道德實踐正或不正？當位或不當位？求神不如求人，求人不如求己。只有修己以誠，自律自主，上天才會加以祐助，所以積善之家必有餘慶。

知變化之道者，
其知神之所為乎？

坤代表關閉門戶，把萬物閉藏起來；
乾代表打開門戶，把萬物吐生出來。
《易經》的開闔原理，一開一闔，
用象來表示變化的樣子。
把陰陽變化不可測定的事態，叫做神妙。
否定了殷商時代走火入魔式的迷信，
卻能夠掌握未來的變化，
真是天下最為神妙的道理。

修己以誠，自律自主，
上天自然給予祐助。

三、伏羲時代以隱秩序為主

既然一陰一陽之謂道，有隱秩序就有顯秩序。前者無形無跡，很難掌握，也不容易說得清楚。後者有形有跡，比較容易掌握，也比較容易說清楚、講明白。隱秩序要透過顯秩序來表現，但仍有隱而不現的部分，被人稱之為「看不見的手」。顯秩序當中，確實有隱秩序的影子，使我們隱隱約約，覺得那一隻看不見的手，真的若隱若現。

但是，我們必須警覺：現代的隱秩序所佔的比重，剛好是伏羲時代顯秩序的部分；而伏羲時代隱秩序的比重，卻和現代的顯秩序一樣。乾坤顛倒，人倫錯亂，連帶導致很多層面都亂了套。

伏羲時代，天圓地方是大家都看得見的自然景象。伏羲用一個單純的符號，把主宰一切變化的隱秩序，前無古人地彰顯出來，成為人類建立顯秩序的第一道曙光。而我們今天說「天圓地方」是可笑的，因為地球是圓的，地怎麼能「方」呢？實際上「圓」就是「方」，而「方」就是「圓」。「大方」是圓的另一種說法，方到很大很大，不就成為圓了？「小圓」是方的另一種稱呼，圓到很小很小，逐漸有稜有角，不是方是什麼？陰陽互變，方圓也不過是一種相對的名稱。

八卦表示人類早期的顯秩序，大多由隱秩序孕育而來，符合自然的規律，合乎人性的需求。伏羲氏說可以「通神明之德」，也可以「類萬物之情」。意思是不但貫通了神妙光明的德性，而且也按類區分，描述了萬事萬物的情狀。

顯秩序和隱秩序，應該是一體兩面，而不是互相競爭、對抗、衝突，可惜這樣的道理，竟由於人類的小聰明愈趨發達，而逐漸忘卻了。

隱秩序為主的時代

隱秩序尊重自然，敬神順天；

顯秩序重視人為，人定勝天。

伏羲氏時代，隱秩序的比重大於顯秩序，

人與神、人與自然和諧共生。

現代顯秩序的比重大得驚人，

大家只知道有顯秩序卻忽視隱秩序，

還十分不敬地稱之為「看不見的手」，

導致乾坤顛倒，人倫錯亂，

連帶使很多層面也亂了套。

顯秩序和隱秩序，

應該是一體兩面，

而不是互相對抗和衝突。

四、文武之道不墜各有見解

周文王重卦，使八卦發展為六十四卦，同樣是基於當時的需要。並不是文王賢德，登高一呼，大家就群起響應。

天下的改變，表面上看起來，是一、二人所造成的。實際上這一、二人並一定能成功，還需要靠大多數人的支持。所以少數就是多數，多數便是少數。少數服從多數和多數服從少數，並不能用二分法的思維來加以分別。

文王距離伏羲三千多年，顯秩序的勢力愈來愈強大，和隱秩序的距離愈來愈遙遠。文王不得不用當時的顯秩序，來解說他所明白的隱秩序。一直到五百年後的孔子時代，爭權奪利的事件依然不斷發生，所以孔子才說：文王、武王的道理，並沒有失落，仍有人傳承。只不過，賢者記得「大用」的「道理」，不賢者記得「小用」的「術數」，各有見解，也各有不同的用途。

六十四卦以人道思想為主，把八卦的天道思想，應用在人生的教化方面。因為人是天地自然所生，效法天地自然是必然的。效法什麼呢？效法周流變化的道理，便是我們常說的「道」。人依道行事，就可稱為「正道君子」。正道是變化的，並非固定，所以〈繫辭上傳〉說：看到天下萬物的道理深奧複雜，把它比擬成具體的型態，用來象徵事物適宜的意義，稱為「象」；看到天下萬物的運動變化，觀察事物的會合變通，用來推行典章禮儀，並透過六十四卦三百八十四爻的爻辭來判斷事物的吉凶，叫做「爻」。要能將這些變化的道理，真正應用於日常生活上，還需要憑藉著知曉易理的人本身所具備的美好德行。

天下的改變，是一、二人所造成的

一、二人的倡導，可以改變社會風氣，

看起來是賢明的少數，影響大多數人。

這一、二人的主張必須獲得大多數人的支持，

實際上又是少數服從多數的作用。

所以多數便是少數，而少數也是多數，

這種思維方式，應該是全方位的思慮。

文王以後，大家都隱約知道《易經》的道理，

只是賢人記得大用，不賢的人卻記得小用，

不論如何，都以具有美好的德行為根本基礎。

這一、二人的主張，還必須充分獲得大多數人的支持。

五．天地萬物只有一個道理

宇宙的變化，其實只有一個道理。〈繫辭下傳〉說：「天下之動，貞夫一者也。」便是告訴我們，千變萬化的背後，有一個不變的道理。換句話說，有看得見的現象，就有看不見的勢力。宋朝的朱子說得好：宇宙間一切事物，只有「道理」是真實的，其餘萬事萬物，都是顛倒而迷妄。每一時刻，都有變化、毀滅的可能。這個不變的道理，並不是憑空想像出來的，而是依據「象」和「數」推理出來的，稱為「象、數、理的連鎖作用」，是推理而不是神通。

《易經》把宇宙變化的道理，透過陰（物質）、陽（精神）、時（時間）、位（空間）四大要素，依象數理來說明。伏羲氏有卦無辭，只有陰陽的象。簡單八種形象，隨人任意解釋，當然包羅萬象。周文王重成六十四卦，闡明「數」和「理」，從此「理」在「象數」之中，由「象數」以推「理」，便成為我們經常「觀察有關現象、尋找相關數據、研究改變道理」的依據。長久以來，大家都感覺到確實有效。

「象」是名詞，「像」什麼？就成為動詞。道理隱而不現，用符號把它形容出來就叫做「象」。八卦象徵萬事萬物，六十四卦象徵萬事萬物的變化。「象徵」的意思，是透過形象來說明事理，但還是以理為重，不能僅止於象。

「數」指初、二、三、四、五、上，說明「時」和「位」，九代表「陽」、六代表「陰」，並沒有絲毫神祕的意味。不能把象數說成神蹟，以免引起迷信。象數的功能，都在於說明道理，由此可見，明白易理最為重要。

明白易理至關緊要

- 宇宙間一切事物，只有道理是真實的。
- 其餘萬事萬物，都是顛倒而迷妄。
- 依據象數推出來的理，可以行遍天下都通用。
- 用符號形容出來，叫做象，
  透過形象說明事理，仍是以理為重。
- 數指初、二、三、四、五、上、九、六，
  並沒有絲毫神祕的意味。
- 象數的功能，都在說明易理。

錯綜複雜的變化，
只有一個不變的道理。

六、道德人格成為主要關鍵

現在開始，我們要把《易經》稱為「易學」。因為自從《易傳》出現以後，《易經》原有的占卜功能，逐漸為易理所取代。象數理的連鎖成為「大用」，占卜反而變成「小用」。卦爻定吉凶，只能當做趨吉避凶的參考，最好不要相信「鐵口直斷」，以避免喪失了自主性和創造力。因為各爻的吉凶，實際上有「物極必反」的觀念。卦象吉的，最後一爻大多反而不吉；卦象凶的，最後一爻有時反而吉祥。

前文所述「居中為吉」的觀念，更是啟示我們：無論處於哪一種狀態，都有可供選擇的自然之道，那就是「變中不變」的「中」。「中」便代表「正」，也就是「正道」，所以吉。吉凶的依據，則是隱秩序與顯秩序兼顧並重的宇宙秩序，也就是「道」。道有正道、邪道；有中道、偏道，完全是由我們自己選擇，也必須自作自受，不能怨天尤人。

趨吉避凶要靠自己，主要關鍵在於自己的道德人格。上天是公正的，人人隨時都能夠「求道」、「修道」、「明道」、「悟道」，以致我們常常互相詢問「知不知道？」中華民族有信仰而沒有宗教，便是提醒我們：要信仰上天是公正而無法公平的。上天給我們同樣的機會，卻不保祐或保證我們會有同樣的結果。師父領進門，修行在個人。在個人的什麼？在個人的道德人格。〈繫辭上傳〉所說「繼之者善也」，「繼」就是保持方向，也就是保持正道向善的精神。人或事的「吉」、「凶」，即是依據合不合乎道的向善？合乎正道則吉，離經叛道當然是凶了。

道德人格是主要關鍵

象數理連鎖才是《易經》的大用，
占卜反而變成小用。

不要相信鐵口直斷，
以免喪失自己的自主性和創造力。

道有正有邪，有中有偏，
完全由自己決定，也自作自受。

師父領進門，修行靠個人，
保持正道向善，才是真正的悟道。

合乎正道為吉，
離經叛道即凶。

我們的建議

1 《易經》由八卦開始，「⚊」、「⚋」兩個符號，是「象」。三爻排列組合，便成為「數」。「象」、「數」當中，都透露出「理」。我們常常觀看現象、查閱數據，然後依理判斷，找出其因應之道，這便是「象、數、理的連鎖作用」。

2 最早的社會秩序，都是由宇宙秩序來指引，所以顯秩序和隱秩序相當吻合，也就是說「天人合一」的作用十分明顯。現代社會顯秩序逐漸遠離隱秩序，最好要提高警覺，以免害己害人。

3 六十四卦主要在提示我們：宇宙秩序是周而復始、循環往復的，並以「既濟」、「未濟」兩卦收尾。「既濟」表示完成，而「未濟」則代表尚未完成，又是另一周流的開始。

4 我們說「否極泰來」，便是「物極必反」的意思。趨吉避凶是我們共同的要求，但是關鍵在於我們自己的道德人格。一切自作自受，表示自己必須負起全部責任。

5 「道」有中有偏，我們必須覺悟，人都具有偏道的傾向。只要稍微鬆懈、放縱、狂妄，立即走上偏道。現代人的通病，即在於此。我們應當想一想《易經》是怎樣開始的？然後正本清源，好好調整現有的普世價值，以求繼舊開新，走上正道。

6 「正」是「變中不變」的道理，現代人盲目求新求變，遠離中道，是自取其咎（ㄐㄧㄡˋ）。不能只把「回歸原點」掛在嘴邊，必須付諸實踐，行中道才至關緊要。

《第九章》

易學對神
怎樣定位的？

避談鬼神，難免是心虛的表現，
要談鬼神，實在又缺乏具體的證據。

孔子雖然不談鬼神，
卻肯定了鬼神的存在。

希望大家「敬鬼神而遠之」，
以「情」感通，不模擬鬼神的形狀。

敬鬼神而遠之，才是真正的敬，
可以啟發自己的智慧，並努力向善。

一方面承先啟後，負起自己的責任，
一方面精神不死，務求不讓後人辱罵。

向鬼神禱告的用意，在求得自己清明感通，
不能索求功名利祿，或因未如己願而加以侮辱。

一・古代人與天及神的關係

中國古代，把「天」當作人間的最高主宰，相當於基督教所說的「上帝」。這種觀念，一直到現代，仍然具有很大的影響力。由於「天」和「上帝」一樣，都是「無所不在、無所不知、無所不能」，所以現代年輕人經常無意間發出：「老天，My God」的呼喊，表示潛意識中，天即上帝。

然而，「天」畢竟和「上帝」不同。中國人只把人力所不能決定的部分歸於天意。人力所能及的，人必須自行負責。孔子將這樣的觀念，歸納成「盡人事以聽天命」這句話——人只管克盡自己的心力，成敗與否，由天來做最後的決定。

天無言，人只好猜測天意。猜得準的，大家就認為很「神」。逐漸引申為「凡是能協助人明白天意」的，都稱之為神。所以後世神愈來愈多，遍及各地。我們信仰「一天多神」，和《易經》的「一（太極）之多元（兩儀、四象、八卦）」相類似。並不是一般人所說的信奉「多神」教。因為我們只有信仰，卻沒有宗教。我們「祭天」，是尊敬上天的公正廉明。可以為大眾求雨、求國泰民安，卻不能為私事向上天請求。一般人祈求上天保祐，不過是一種心理上的安慰。所以事過境遷，就拋諸腦後，實為人之常情。我們「祭祖」，是向逝世的祖先，保證自己會致力於光宗耀祖，不辱家風。由於血緣關係、骨肉情深，有時連聲呼喊祖宗保祐，更是常見的事。天看得見，但天意難測。因為天看得遠，還要顧及四方，不是我們所能瞭解的。神看不見，卻沒有不可解釋的神祕性。天和神，都沒有超越世界之上的權力。天無所不能，也只能在世界的範圍內施行。

信仰一天多神，而不是迷信多神

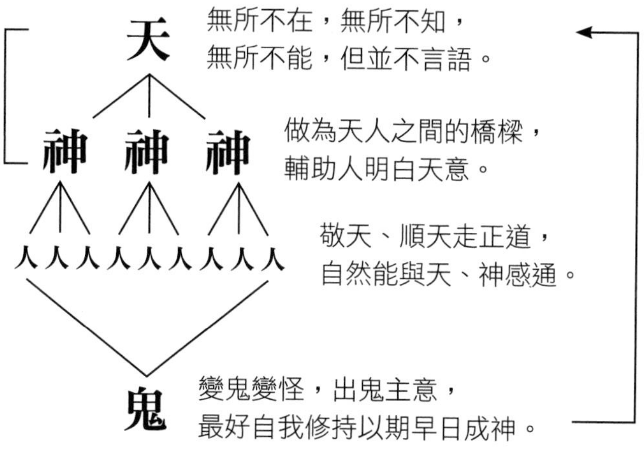
天
無所不在，無所不知，
無所不能，但並不言語。
神 神 神
做為天人之間的橋樑，
輔助人明白天意。
人人人人人人人人人
敬天、順天走正道，
自然能與天、神感通。
鬼
變鬼變怪，出鬼主意，
最好自我修持以期早日成神。

由「人死為鬼（歸）提升到「人死為神（靈）」

二、神鬼依人世的習慣運作

我們說神沒有不可解釋的神祕性，主要是依據「一陰一陽之謂道」，悟出生死不過是陰陽的變化，所以「人死為神」的說法，便很容易為大家所接受。「天」是天下人所共有的，只能為天下人設想，不會為任何個人謀取私利，因此十分公正，被尊稱為「天公」。於是，我們便想起祖先是自己家裡的人，死後為神，對家人最清楚，也最為關愛，因此在家裡立起祖宗牌位，有事好商量。中國人習慣把祖宗牌位扛在肩膀上，走到哪裡就跟到哪裡。相當於多了一條導引線，把我們和祖先的靈，緊密地結合在一起。祭祖先時家人團聚，在祖先面前交換意見，總歸比較容易形成共識。平日有事，在家也可以向祖先牌位稟告一番，把不方便說出口的事情，默默地向祖先提出諮詢。若是獲得啟示，就等於有名師指點。神和人的行為及價值標準，基本上十分接近，哪裡有什麼神祕性？由於人有品德修養的高下，所以死後也按其生前表現，分別經過嚴格的考核。品德良好的為神，較差的為鬼。

中國人最有趣的事情，便是把自己的祖先當做神，卻把同樣是別人祖先的遊魂稱為鬼。當然，有時候對自己人不滿意，也會罵一聲「死鬼」，不過很快就會改口了。

這種親密的神、鬼、人關係，同樣應該適可而止，否則就會成為迷信。但是，一旦有人相信，就會有人加以利用。天地間最擅長裝神弄鬼的莫過於人，只要有人，便有裝神弄鬼的狀況發生，只不過是嚴重程度有所不同而已。孔子極力加以導正，但直到今日，仍免不了有許多不良觀念存在。

中華民族的特殊導引線		
	天	為天下人共有，不能為個人謀私利。
	祖先	自家人，對家人最瞭解， 最關心，也最好商量。
	子孫	祭祖時家人團聚， 在祖先面前容易形成共識。 平日有事， 也可以在家向祖先稟告，獲得指引。 出門在外， 人地生疏，幸好有祖先可以請示。

中國人習慣把祖先牌位扛在肩膀上，
四海為家，走到哪裡都能得到輔祐。

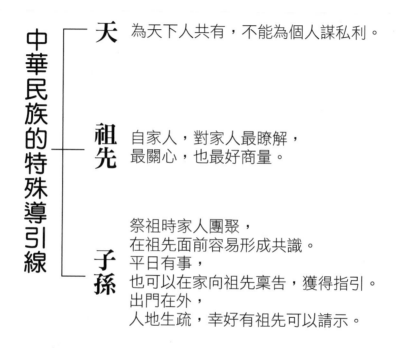

三、占卜祈求神示的公信力

占卜祈求神示，用現代話來解釋，應該是占卜的人為了增加公信力所假定的一種方式。一直到現代，仍然有人相信在神前擲筊，同樣是一種占卜工具。

伏羲氏畫八卦，逐漸影響到造字，並透過符號的變化，以實施教化，但是免不了被神化，淪為迷信的工具。到了殷商時代，大家過度信神，所有人事都訴之於神，以致利用占卜欺惑大眾的事件層出不窮，反而造成社會不安。

周文王重卦，原本想要扭轉當時一切聽命於神的不良現象，希望大家透過卦爻的變化來趨吉避凶，而不是接受吉凶的判定。但是，當時的大環境，不容易迅速加以改變，以致周朝開始制禮，限制人民信神，提出反神權的觀念，這些都是由周公「天命無常」的觀念所引發出來的。他不斷說明：上帝（當時通用的稱呼）引導人民走向安樂，夏朝能適度安樂，所以上帝和他們在一起。後來夏君不依照上帝的意思而過度逸樂，上帝便不關心他，命令成湯革夏朝的命。從成湯到帝乙，沒有一個敢違背上帝的命令，沒有不配合天意的。到了殷王，由於過度享樂，不顧天理和人民的痛苦，於是上帝便不再保護他。孔子曾經說過，自己在睡覺做夢中，都忘不了周公，便是由於周公制禮作樂，使他十分敬佩。孔子不稱上帝，恢復「天」的名稱。以「禮」為「天道」的依據，「奉禮」便是「畏天」，人人依禮順天。而禮的基礎，則在於人的自覺，並不在天。孔子開啟了「祭如在，祭神如神在」的新觀念，使人們建立起「敬鬼神而遠之」的合理心態。

請神來見証，提升公信力

在神前占卜問事，大家容易相信，
一切聽命於神，就有人裝神弄鬼。

只要有人相信，提供上當的機會，
便有人欺惑詐騙，無所不用其極。

周朝為了扭轉殷商的過分迷信，
不但制禮作樂，而且明令禁止神權的擴張。

禮是天道的依據，奉禮即是畏天，
人人依禮順天，仍須自覺、自律、自己努力。

敬鬼神而遠之，才是最合理的心態。

但也不能過分信神，以免造成不安

四．以人為本的天神鬼定位

孔子自述五十知天命，主要在「人所能主宰」的「義」（應該、合理）和「人不能主宰」的「無可奈何」（看不見的手、風險性）之間做出適當的區隔。我們深信這種主張，符合伏羲氏、周文王、周公的原意，可謂一脈相承。

一直到現代，我們仍然停留在「既沒有能力證明鬼神的存在，也沒有能力證明鬼神並不存在」的無奈階段。如果一定要把不可確知的鬼神，當作知識來研究，實在很難獲得具體的答案，也不容易建立起大家的共識。

孔子尊重每一個人的自主性，是基於「敬人者人恆敬之」的人性基礎。讓大家自己決定相不相信鬼神的存在？相信的，可以參與祭祀；不相信的，也不勉強。但是，孔子雖然不談鬼神，卻肯定了鬼神的存在。他認為鬼神的形狀無法加以描述，但鬼神的精神，卻可以透過感應而獲得印證。祭祀時誠心誠意，自然會感覺到鬼神的精神，好像出現在自己的面前。有了這一層體會，使人對自己的精神，產生「不死」的信心。於是有限的生命，便可以藉由精神的無限延伸，而增加很大的價值。加重了我們承先啟後的責任，也加強了我們自作自受的警惕。

敬神，不是把自己的命運委任給他人，而是祈求神賜給我們智慧，使我們明白做人做事的道理。自己選擇未來，發揮以人為本的高度自主性。神鬼對我如何？並不重要，我自己要怎樣回應？才更要緊。孔子提出「敬而遠之」的主張，實在是真正的誠心誠意，值得大家深思遵行。

人與鬼神的關係，必須保持「適可而止」的安全距離。過分密切，就會影響到正常的生活，實在是非常不適宜。

一陰（命）一陽（義）之謂道

- 命
  - 無可奈何，
  - 不能以人力控制，
  - 風險性，
  - 看不見的手。
- 義
  - 合不合理？
  - 可以理性判斷。
  - 有理走遍天下，
  - 人力能夠控制。

以人為本，敬鬼神而遠之。

義命分立，盡人事以聽天命。

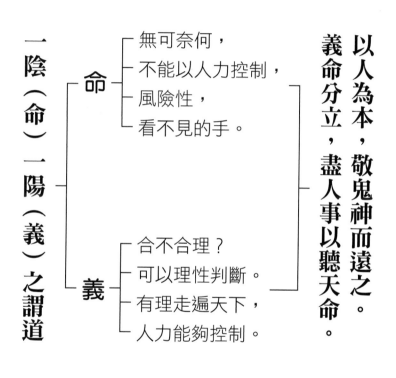

五、敬鬼神目的在加強自律

人性的需求，是自由、自主、自在。我們不希望被管制、受束縛、遭禁錮。不幸的是，一旦真能自由、自主、自在，我們就覺得好像可以為所欲為，偏偏適時出現若干小人，說出很多聽起來十分受用的言語，因而得意忘形，犯下重大的過錯。這才後悔莫及，造成很大的遺憾。周文王重卦，用意即在提醒大家不要得意忘形，必須時時提高警覺性，以免害己害人。

孔子主張「敬鬼神而遠之」，便是因為人具有侷限性，無法事事順遂。不斷地犯錯，不斷地改過，好像是人人必經的共同途徑。知過能改，隱含著鬼神及時的啟示。當然，這種及時的啟示，也是我們自作自受的結果。

同樣是人，為什麼有人知過能改，有些人卻不知過錯？或者明知過錯也不能改？關鍵在於個人的品德修養。品德良好的，鬼神不忍心袖手旁觀，所以熱心指點他，促使其知過即改。品德修養不良好的人，和鬼神不可能有感通，不能夠獲得及時的指點，因此不知改過。

孔子用道德修養來打通幽冥世界和人生的界限，對鬼神採取「似有若無，似無若有」的「亦即亦離」心態。藉由鬼神的感通來提高人的自律。鬼神不論存在與否，我們一律「敬而遠之」，這樣的心態百利而無一害，何樂而不為？

不求鬼神，卻促使鬼神主動祐助我。此舉既尊重自己，也尊敬鬼神。既不迷信，又能加強自律，豈非上上之策！

請神容易送神難，敬而遠之，保持合理的安全距離，應該是「君子之交淡如水」的最佳寫照，可供大家做為參考。

人非聖賢孰能無過

＝

人有侷限性，不可能事事順遂

- 知錯能改
  - 鬼神及時指點，
  - 才能適時覺醒。
  - 平日順天敬神，
  - 自然有所回應。
- 知過不改
  - 鬼神袖手旁觀，
  - 不能及時覺醒。
  - 一錯再錯又錯，
  - 必然難以挽救。

藉由鬼神的協助，

加強自律，

君子之交淡如水，

不可與鬼神過分親密。

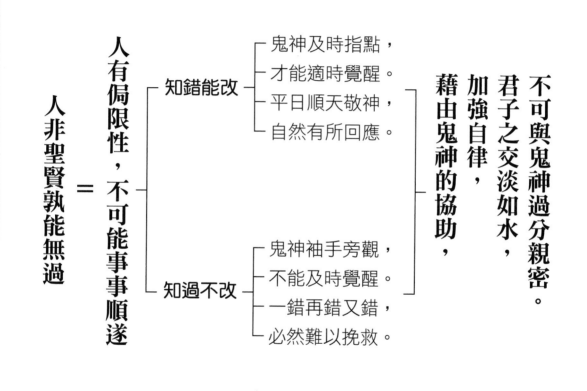

六、透過鬼神意在求得感通

人的生命有限，原本就是一種無奈。人必有死，這是無法改變的事實，而追求永生，又成為大家共同的願望。透過「人死為歸」，「歸」即為鬼，若是繼續生前的品德修養，不斷地為公眾服務，便有機會被尊奉為「神」，等於是找到了一條可以永生的有效途徑。人死之後，軀體歸於塵土，只有精神能夠長存。因此神的外形如何，無法定論；而神的感情，永遠存在於世人心中，則是可以證明的事實。

只要大家記得孔子，孔子就永遠活在我們的心中，孔子就獲得了某種形式的永生。同理，只要祖先活在我們心中，我們心中長久有祖先的存在，祖先便成就了某種程度的神性。

這樣，我們有生之年，只要盡心行善，用心實踐仁道，凡事力求合理，死後便能夠通於鬼神而獲得永生。立德、立功、立言三不朽，就是有效的途徑。教育出賢孝的子孫，心目中有祖先的存在，能盡心盡力光宗耀祖，更是人人都走得通的大路。長久以來，我們知其然而不知其所以然，現在明白這個道理，更應該努力實踐，以期不枉此生。

鬼神的永生，不在於外形，否則相當恐怖，也很難妥善因應。中國人不講求宗教儀式，主張隨緣即可。因為我們重視的，是鬼神的德性。無形無跡，卻便於感通。品德高的為神，低的為鬼。我們只會說：有錢可使鬼推磨，從來沒有人認為有錢可以買通神明。如果不問合理與否？全部都有求必應，恐怕已經不是神鬼，而是惡魔了。善心引善神，邪心招來惡魔，這又是另一種自作自受！

自作自受

- **心正引來正神**
  - 合理的才輔祐，
  - 不合理的則袖手旁觀，
  - 或者適時加以指點，
  - 正神自有原則，
  - 不接受賄賂和請託。
- **心邪招來惡魔**
  - 有求必應，當然是惡魔。
  - 有錢可使鬼推磨，
  - 魔鬼的推力可能更大，
  - 後果更不堪設想。
  - 招來容易，想送走實在很難。

正心誠意方為上策

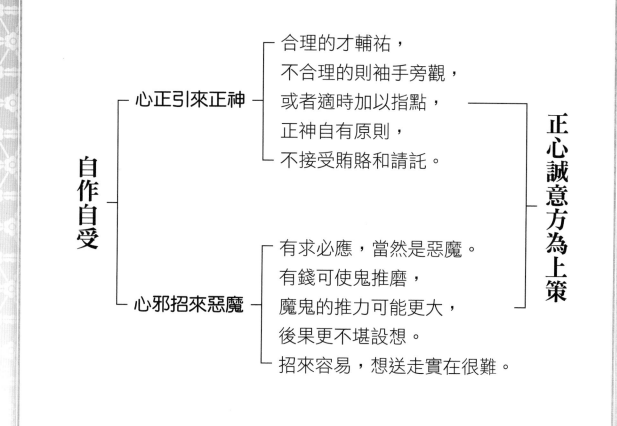

我們的建議

1 「天」無所不在，無所不知，也無所不能，這是事實。但是天並不採取「無所不管」的策略，否則人就難以發展自主性和創造力。所以天只管大事，小事仍然由人自主。如此一來，天才看得出什麼人比較上進，以資考核。

2 天高高在上，人自覺渺小，倍感天意難測。這時候有人測出天意，體天行道（體悟天的道理，努力實踐），大家便尊敬如「神」。人活著會變，有時測得準，有時測不準。死後蓋棺論定，品德良好又經常測得很準的，就會被大家封為「神」。

3 後來「人死為神」的觀念，由親及疏，先由自己的祖先開始，擴大到各方神靈，都尊稱為「神」。我們信仰「一天多神」，並不是一般人所說的「多神崇拜」。

4 天和人之間，有神做媒介。我們在神前占卜，不過是為了增強公信力。但是，不論如何，都必須誠心誠意地占卜，不能視為兒戲，迄今仍是占卜的必要心態，不可輕忽。

5 神還要依賴天，人怎麼能夠依賴神呢？我們敬天，希望獲得神的輔助，而基本條件，仍在於自己必須爭氣，一心向善。易學到了孔子，已經奠定了這種良好的思想基礎。

6 人在宇宙間的地位，能贊天地之化育，實在十分崇高。我們應該以體天行道自居，不宜把神當做天看待。去私心存公道，不可以求鬼神特別呵護，敬神不能迷信，方為正道。

《第十章》

易學的功能
究竟為何？

研習易學，可以有不同的目的，
但是真正的功能，在於「心易」。

用心改變自己的行為，
盡力提升自己的品德修養。

品德良好的人，有占卜的資格，
看看求雨能不能應驗？便立見分曉。

外界環境不容易加以改變，
尋求妥善自處之道比較實在。

求神不如求人，求人不如求己，
自己的事情自己調整，效果更如意。

人人各有一套，還要有兩把刷子，
看似紊亂，實際上是亂中有序。

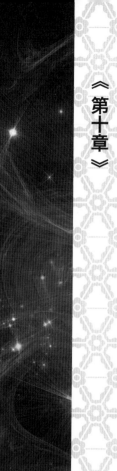

一、真正的功能其實是心易

研修易學，真正的功能，是改變自己的命運。方法十分簡便，就是以自己的心，來改變自己的行為態度。也可以說，用心選擇合乎自己需求的人生途徑。簡而言之：用心變易，所以叫做「心易」，和「心想事成」是一樣的。很可惜一般人只知道把「心想事成」當作祝福用的祈願語，卻不知道它原來是一種可以成為事實的敘述語。

起心動念，想正確的事，表現出合理的行為態度，事情就順利地完成了，這不是很簡單、方便、愉快嗎？

《易經》的卦爻辭中，經常出現「貞」字，如「乾，元亨利貞。」（乾卦辭）、「坤，元亨利牝馬之貞。」（坤卦辭）、「含章可貞。」（坤六三爻辭）、「屯，元亨利貞，勿用有攸往。」（屯卦辭）、「女子貞，不字，十年乃字。」（屯六二爻辭）、「小貞吉，大貞凶。」（屯九五爻辭）等等。其中的「貞」字，原本指「占卜」。而占卜的主要作用，在於預測吉凶。〈繫辭上傳〉說：「極數知來之謂占。」意思是占卜的目的在「知來」，預知未來是吉還是凶？知道了吉凶，又該如何因應呢？能改變結果嗎？恐怕未必。能改變外在的環境嗎？實在很困難。能改變他人嗎？並沒有把握。看來趨吉避凶，全在於自己的合理調整，至於結果如何？外界能不能稍有配合，恐怕不是自己所能夠控制的。

我們所能做的，應該是知所自處。也就是調整自己的態度和行為，以求趨吉避凶。「心易」的意思，便是依據占卜的結果和《易經》所說的道理，來合理變易自己的言行態度。

「成者為王，敗者為寇」的結果。
另一方面卻也要能接受：
中國人一方面說「不以成敗論英雄」，

- 結果不一定能夠改變
- 外界環境也很難控制
- 不容易要求他人配合
- 最好改變自己的行為
- 掌握合理的自然之道
- 以求有效地趨吉避凶
- 至於成敗則不必重視

占卜的目的，在預知未來的變化

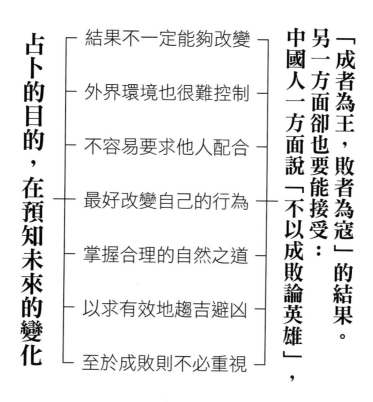

二．不占卜也可以妥善自處

孔子提出「不占而已矣」的觀點，主要在占卜準不準？牽涉到很多問題。若是假手於人，怎樣判斷這個人的居心如何？假定自己占卜，又有多大的信心？求神問卜，各人的解說經常不一致，到底要聽誰的？何況占卜的目的，並不在於接受占卜的結果，而在於調整自己的行為，以求趨吉避凶。既然如此，按照道理做人做事，時時立公心、事事求合理、處處都謹慎，那就用不著占卜了。曾子的每日三省吾身，隨時提高警覺，經常如履薄冰，應該是最好的實踐方式。

占卜的正確用法，應該是對不方便明說的人，講解道理之用。周朝設置專門負責占筮的官員，每逢國家大事，都由他占卜，然後透過占卜的結果，向君王講授一些相關的道理，以免有冒犯或輕視的嫌疑。一般人如果以占卜來發現自己現有的處境、尋求妥善自處之道，實在也無可厚非。但是每卜一卦，都應該用心研究其中的道理，而不是只問吉凶。這樣累積下來，對於卦爻辭愈來愈熟悉，相關的道理也就愈來愈明白。遇到事情，稍為冷靜下來，很快就會明瞭自己的處境，尋思妥為自處的因應之道，能夠如此，也就可以不占了。

占或不占？我們尊重各人的選擇。只是占卜之後，還是要善盡努力，不可以知道吉凶的結果後，便全盤地接受，什麼事情都不做，放棄自己的自主性和創造力，如此一來，就算占到吉，恐怕也會變成凶。

妥善自處，還需要隨時應變。因為內外環境的變數很多，不可能固定下來後便一勞永逸。「時中」的要求，最好常常放在心上，隨時提醒自己：即使不占，也應該有趨吉避凶的能力與準備。

要占卜，請先明白占卜的道理

八卦斷吉凶，
應該是推行識字和教化的一種方式。

六十四卦的卦爻辭，
都在説明建國育民的道理。

周朝設置專門負責占筮的官員，
也是透過占卜，向君王説明相關道理。

任何人占卜，
最好都不要只是盲目地接受吉凶的結果。

尋求妥善自處之道，
才是占卜最主要的目的。

不占卜，請多自省，
隨時保持高度警覺性。

二、重視道德實踐才是根本

〈繫辭上傳〉記載孔子的一番話：《易經》是做什麼的呢？是開創萬物，成就事務，包容天下萬事萬物的道理。聖人以《易經》來通曉天下人的心志，確定天下的大業，決斷天下的所有疑難。因為《易經》本身沒有思慮，也沒有作為。它寂靜不動，卻能夠透過陰陽的交感，通曉天下萬事萬物。要達到這樣的境界，必須重視道德實踐，具有美好的德行。

孔子的用意，在喚醒我們本有的自由意志，也就是自主性。人的尊嚴，實際上繫於高度的自主性。若是完全接受占卜的結果，那就是放棄自主，接受命運的擺佈。重視人性尊嚴，不可能如此。若要發揮自由意志的力量，就必須以道德實踐來改變自己的言行態度，所以《易傳》把「貞」字解釋為「正」，和周文王重卦時用做「占卜」，有著極大的不同。

以「貞」為「正」，是不計較成敗而重視得失的重大改變。成敗的標準比較複雜，所牽涉的因素很多。從某一角度來看，很可能是成；而從另外的角度來看，卻可能是敗。有時對「忠孝難兩全」的抉擇，就很難分出成敗。得失的標準，相對比較單純，實踐道德而有所得，便是得；反之即為失。忠孝兩全難以兼顧，是國和家的需要不同，依據個人不同的情況和價值觀，比較容易做出此時、此地對自己有所得的決定。當年齊桓公殺死公子糾，管仲並未以死相報。孔子一方面認為管仲並不算是有仁德；但另一方面，卻又因為管仲輔佐齊桓公，對於保存中原種族和文化具有偉大功績，因此讚揚他是一位了不起、有功於天下後世的大政治家，這便是不計較成敗而重視得失的案例。

把「貞」字解釋為「正」

- 貞的原意是占卜
- 易傳卻解釋為正
- 重得失而輕成敗
- 發揮高度自主性
- 人性才具有尊嚴

以道德實踐，來衡量得失

→ 樂天知命，可以無憂

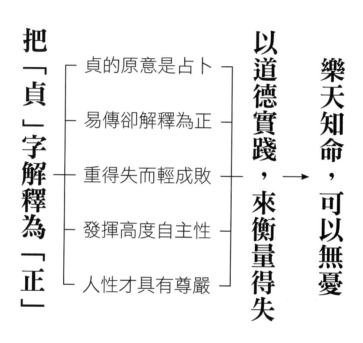

四、道德實踐不能保證成功

我們說「人同此心，心同此理」的時候，只想到中華文化的普遍性、廣大性和悠久性。而當我們想起「人心不同，各如其面」時，我們又會怎樣解釋？是不是想到同樣身為中華民族，卻由於種種原因，各有其特殊性、狹小性和短暫性？易學所重視的「時」和「位」，便是提醒我們，隨著身分、場合、時機、情勢的變遷，合理的標準也會有所不同。聖人和盜賊，各有不同的道。雖然說「盜亦有道」，畢竟和「聖人之道」大不相同。同樣是運用科技，有的對人有益，有的卻顯然對人有害。

孔子說過：君子之道有四件事，我還沒有做好一件：「為人子事奉父母應該做的事，我尚未完全做好；做臣子事奉君上應該做的事，我還沒有完全做到；做弟弟的敬兄長應該做的事，我都沒能夠做到；朋友之間互相對待應該做的事，我也不能以身作則，率先做好。」聖人尚且如此，一般人想要「基本的德行盡力實踐、平常講話力求謹慎、說話時顧及能否實踐、做事時考慮到自己所說的話」，實在談何容易！我們常常覺得很不服氣，這樣盡心盡力，怎麼不會成功？想想孔子的話：「人莫不飲食也，鮮能知味也。」天天都在吃東西，卻只有很少的人，能夠品嚐出真正的滋味。現代人的智慧，大多被知識淹沒了，缺乏選擇的能力。太多的人都在好心做壞事，自己還不知道。在這種情況下，徒嘆「好人不長命，禍害活千年」，又有什麼用？不如好好反省，看看是不是定位出了差錯？

定位才能守分，守分才能守正。人人定好自己的位，自然就能各盡其責，互助互惠。

理想與現實的差距

- **理想**
  - 人同此心，心同此理。
  - 己所欲，可以施於人。
  - 我喜歡的，別人也會喜歡。
  - 我認為應該的，別人也是一樣。
- **實際**
  - 人心不同，各如其面。
  - 己所不欲，勿施於人。
  - 我喜歡的，別人不一定喜歡。
  - 我認為應該的，別人不一定有同感。

好心做壞事，自己都不知道，怎麼會成功呢？

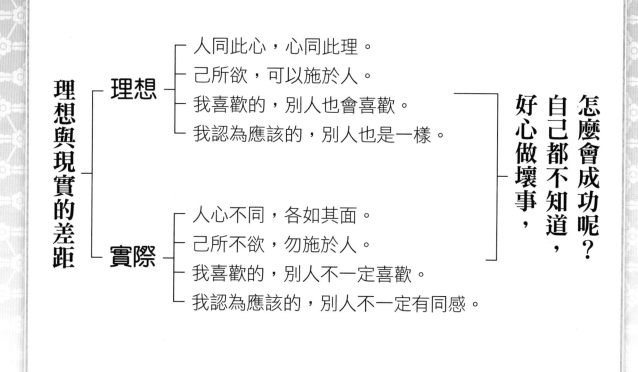

五、中庸是恰到好處的效果

道德實踐要求產生良好的效果，那就必須「致中和」，也就是合乎中庸之道。「中」的意思是百發百中而又恰到好處，「庸」則表示用得有功效。「中庸」就是道德實踐恰到好處，必然成功。並不是一般人所說的「走中間路線」或者「騎牆觀望不置可否」。當然，也不一定「不走極端」。

孔子主張「正名」，提示我們君君、臣臣、父父、子子相對待的道理。「正名」就是易學所重視的「正位」，我們常說中國人和外國人相比較，中國人特別重視身分地位，這句話是正確的，並沒有什麼不妥。可惜一般人不理解，誤以為中國人喜歡擺臭架子，造成人際間的不平等。

〈繫辭上傳〉開宗明義便點出：「天尊地卑，乾坤定矣。卑高以陳，貴賤位矣。」天在上而尊，地在下而卑，這是人人都看得出來的自然現象。乾為天，坤為地，乾尊坤卑的地位也因此而確定。投射到人類社會，身分地位愈高，愈接近天，所以君王自稱天子。身分地位愈高，愈是和天一樣，一言一行，都是千目所視、千手所指，大家都看得到，明的暗的都加以批評。「尊」、「卑」不過是指高低的地位，並不一定高就貴而低便賤。高要貴，還得費一番心神，花很多功夫。講求身分地位，就要比別人更加小心翼翼，時刻不可大意。易卦初爻代表平民的位置，三爻代表諸侯，四爻代表卿士，上爻代表宗廟或太上皇。二、五兩爻，通常代表皇后和天子。各有定位，也各有名分。現代社會，應該怎樣定位才合理？不妨依據實際現況，以求做出合理定位。

恰到好處，效果良好

- **中庸**
  - 「中」是百發百中而又恰到好處。
  - 「庸」是用得良好的效果。
  - 「中庸」表示道德實踐恰到好處。
- **正名**
  - 君君、臣臣、父父、子子。
  - 互相對待，各守其分。
  - 君不君，臣不臣，父不父，子不子，社會混亂。
- **正位**
  - 上爻代表宗廟或太上皇。
  - 五爻代表天子。
  - 四爻代表卿士。
  - 三爻代表諸侯。
  - 二爻代表皇后。
  - 初爻代表平民。

中國人特別重視身分地位，觀念並沒有錯，只是我們做錯了。

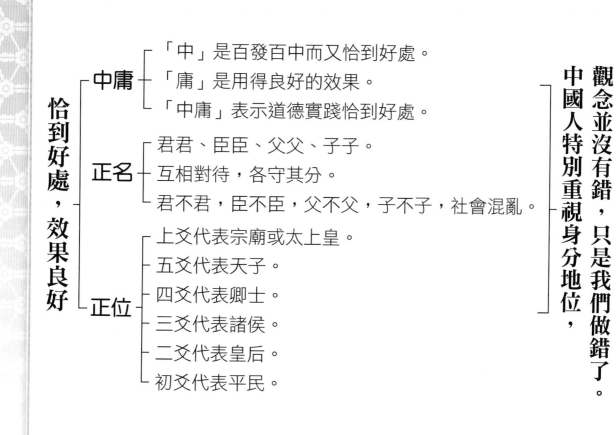

六、名位不同各有行事準則

〈繫辭上傳〉指出：「方以類聚，物以群分。」天下的人為數雖然很多，卻可以按照類別的不同，各自聚合，成為不一樣的族群。天下萬物，同樣可以按照群體的不同，彼此有所區分。只要人、事、物都各歸其位，而又表現得各當其位，按照各自不同的行事準則，扮演好不一樣的角色，社會秩序正常，國家治理得好，人民就可以安居樂業了。

現代社會日趨複雜而且多變化，我們要做到道德、宗教、政治、國家、家庭、學校、社區等等，都能夠謹守一定的分際，實在是談何容易？政治歸政治、宗教歸宗教、社區歸社區、家庭歸家庭，各當其位，各自保持不一樣的獨特性，然後再講求彼此之間的相互關係。因為各種活動並不可能各自孤立，必須有所關聯。這種分中有合、合中有分的做法，保持亂中有序，才合乎易理的要求。

近百年來，我們羨慕西方的科技發展、生活富有、自由開放，竟然窮到連志氣都沒有了，居然用西方的標準，反過來檢視我們的言行，把優點也看成缺點，以致自信心低落、自尊心喪失。明明是對的，卻被罵得抬不起頭來。好意被誤解成壞意、好人被看成壞人。有功勞的挨罵、沒有功勞的受獎勵。自己看不懂，卻反而笑別人。不知道的人，說起話來最大聲……凡此種種，都是不明易理的緣故。無心，卻造成很大的禍害，必須正本清源，把《易經》好好讀一讀，先瞭解自己的所言所行，原來是有所本的。雖然和西方人有很多不同之處，但不一定是錯的。把自己的「心易」功夫做好，才能走上正道。

人人各有一套，
還有兩把刷子。

無論道德、宗教、政治、經濟，
還是國家、家庭、社區、學校，
各人都應該謹守一定的分際，
然後才講求彼此之間的關係。
由於身分、地位並不相同，
所以人人各有一套，
為了因應不同的特性，
還要同時擁有好幾把刷子，
看起來亂七八糟，毫無章法，
實際上卻能夠一以貫之。

今日的社會亂象，
主要是由於我們不明白易理，
看不懂自己的所言所行，
這才造成扭曲和錯亂。

1《易經》的道理並沒有錯，是我們看不懂，聽不明白，也想不通，所以才造成很多誤解。其實我們所言所行，很多都是本於易理，可惜知其然而不知其所以然，很不容易拿捏得恰到好處，以致產生許多流弊，令人失望。

2《易經》重視「位」，有人說「換了位置便換了腦袋」，其實這是對的。只不過常常是不該換的換了，該換的部分卻反而不換，當然要挨罵。換是換了，卻沒有換得恰到好處，才造成自己活該受罪的下場。

3中外文化交流，主要靠翻譯，而這是高度困難的事情，只要譯錯了，就會引起雙方面的誤解。我們又習慣望文生義、不求甚解，而且常自以為是，因此造成很多扭曲、錯亂和冤枉。好像誰也沒有錯，通通都是翻譯惹的禍！

4西方人說「公平」，即是「不能不公平」。中國人說「公平」，大家都心知肚明，便是「有一點不公平」。可惜我們現在是用西方的標準來檢驗中國人的話，請問這樣公平嗎？

5我們的資源有限，機會也不充足，根本沒有公平的可能，能夠做到「合理的不公平」，大家就已經心滿意足，為什麼一定要欺騙自己？凡事都要求一視同仁的公平對待，是不是有一點可笑？

6諸如此類的問題很多，除非恢復易理的標準，否則我們永遠看不清楚自己到底是怎麼回事。很多人一輩子不瞭解自己，我們又不方便說，只好祈禱他能自己回頭了。

結語

二十一世紀來臨時，全世界一片歡呼，期待跨越這一千年才有一次的千禧年。人人懷抱著美好的願望，期許迎接光明的未來。然而似乎事與願違，一年又一年過去，我們發現紛爭依舊，還不斷加上新的挑戰。氣候異常，天災的發生頻率加快，嚴重性也升高，對人類構成十分可怕的威脅。

人類能不能活過二十一世紀？這個問題曾經引起廣泛的討論。如今進入二十一世紀，大家的信心，建立在「和平」與「發展」的兼顧並重，經由各方的努力，已經有了初步的共識。

和平與發展必須相輔相成，人類才可能有光明的未來，這使我們想起《易經》乾卦的彖辭中明白指出：「保合太和，萬國咸寧。」「太和」是陰陽會合時，保存和諧的元氣。各國的文化不同，必須秉持「和而不同」的原則，彼此包容，互相尊重，由萬國共同組成的地球村，才有安寧的可能。和平友好，共同合作，謀求有利於社會人群的發展環境。

二十世紀最不幸的話語，應該是「求新求變」。這句話造成大家只要不違法，什麼花樣都可以玩的心態。彷彿只要是新的便是好的。變到政府管不了百姓，師長管不了學生，而父母也管不了子女。種種亂象，把責任都推給「時代不同了」這一句陳腔濫調。即使想負起責任，也擋不住「一切一切都在變」的藉口，導致大家都亂變，誰都沒有辦法扭轉這樣的社會風氣。

易學告訴我們：有常才有變。堅守常則，才可以應變制宜。必須先有所不變（守常、守經、有原則），然後才能合理地有所變。只能夠合理應變，千萬不可以為變而變，變到離經叛道，大家都受害。

西方人把「《易經》」翻譯成「The Book of change」，以致「只看到變易的一面，卻忽略了不易的重要性」。現代西方人，比較明白「變易」與「不易」缺一不可的道理，已經將《易經》直接翻譯成「I-Ching」。可惜「求新求變」的口號，流傳了這麼久，受害的人成千上萬，要找誰求償呢？

「男女平等」的觀念，是建立在「男女不平等」的實際情況下所提出的。西方人「平等」和「不平等」是相反的，男女平等，便要廢除所有的不平等，以致過去的「男女有別」，變成「不男不女」，實在十分可悲。

現代人只戀愛不結婚，只結婚不生小孩。有了子女，照樣想離婚就上法庭，這都是由於不明白「男女有別」的道理。《易經》由天尊地卑，投影為「男尊女卑」，完全沒有不平等的意思。但是長久以來，大家食古不化，解釋不當，再加上西方「男女平等」的推波助瀾，使得大家都不敢說實在話了，只敢表面上虛偽應付，對於男女有別，不方便明說，以免被扣上大男人主義的帽子，讓自己有口難辯。

現代有很多亂象，實際上肇因於乾坤顛倒——男人不像男人，女人也不像女人。特別是「坤道」錯亂，弄得「乾道」不振，沒有一個男人，敢以「大丈夫」自居。

當務之急，應該是趕緊走進《易經》的乾坤大門，好好瞭解其中的奧妙。我們的下一本書，就是《易經的乾坤大門》，期待能和各位同道，一起來探討「乾」、「坤」這兩個卦，何以重要到足以影響人類的正常生活？

《附錄》

易理可以化解二十一世紀的重要難題

一、二十一世紀的重大難題

二十一世紀人類瀕臨滅絕邊緣的說法，已經不再是危言聳聽，而是如何有效因應的問題。我們的重大難題，至少有下述十項：

1 自古以來，創造發明便是人類文明進步的主要動力，現代加上一層強有力的保護，稱為「智慧財產權」，導致財富集中，同時也造成嚴重的生態危機。倘若主導者敵視和平，製造大量的殺人武器，人類豈能不同歸於盡？

2 「全球化」首先出現在經濟領域，導致發展中國家不得不讓出部分主權，接受發達國家的貿易條款，以換取資金和技術。這種殘酷的經濟戰爭，引起激烈的反抗，造成十分明顯的「本土化」與「全球化」的衝突，實在很難化解。

3 不正常的經濟發展，導致全球各地貧富兩極化的不良現象愈來愈懸殊。M型社會的形成，應該視為人類的恥辱，卻不幸被少數人視為理所當然，且大肆喧染。此種風氣勢必造成社會不安，並導致教育企業化與重利輕義的歪風。

4 世界要和平，國家要發展，是新時代的共同要求。但是和平與發展之間，卻很難取得平衡。恐怖主義的陰影，令人愈反愈恐、不寒而慄，對正常發展構成莫大阻礙。連世界奧林匹克運動會，都難以和平進行，遑論其他！

5 宗教自由導致邪教林立，而正教不敵邪教，也是不爭的事實。因為正教守規矩，邪教卻經常不擇手段。然而，沒有宗教和平，便不可能有世界和平。如何促進各宗教間的和平共處、互相尊重？也是非常不容易的難題。

6 地球資源被浪費、自然生態被破壞、弱勢族群被欺壓、社會正義被漠視，這些都已經是十分明顯的事實。但是由於世人見利忘義，往往避重就輕，以致整體局勢逐漸失去控制。無辜大眾覺得既無奈又無助，不知如何是好？

7 現有的普世價值，大多由西方主導，結果造成今日的危機，迫使大家不得不重新加以檢討，亟思有所突破，以期做出合理調整。但卻又可能引起文化戰爭，為人類文明的發展，添增很多意想不到的問題，令人憂心不已。

8 大眾媒體發達，直接入侵家庭，使得父母難以妥善教育子女。傳播界又以收視率掛帥，叫好不叫座，因而劣幣驅逐良幣，對兒童的身心，造成很多負面的影響。學校教育也是問題重重，幾乎到了無法挽救的地步。

9 人類本有個別差異，每個人都應該要做不一樣的人，現代教育卻採用一致的內容，趨向共同的標準，把原本不一樣的人，教成幾乎一樣的「平均人」，此舉既不合乎人性要求，對人類社會的多元發展，也造成十分嚴重的障礙。

10 電腦普及，使人類讀寫的能力大幅降低。電子遊戲，使人在不知不覺間，以有限的體力和無限的電力拚搏，也以寶貴的時間和廉價的線上人物對抗，相當於活人與死人作戰，實在是殘忍的愚昧舉動，但情況卻愈來愈失控。

二、種種難題需要易理來化解

我們放眼望去，能夠解決以上各種難題，除了易理之外，幾乎找不到有效的途徑。茲分析說明如下：

1 上述十大難題，表面上看起來，似乎十分廣泛，牽涉到很多層面。但是，深一層看，再合起來想，不難找出真正的根源，便是坎（☵）所顯示的道理。由「水能載舟，也能覆舟」，推論出人類的文明，實在是「成也科技，敗也科技」。透過科技發展，變而通之以盡利，可以說是文化發展的通則。自古代伏羲氏結繩作網，一直到現代的網際網絡莫不如此。問題是變而通之以盡利的「利」，產生嚴重的扭曲，使我們不能不重溫「元、亨、利、貞」四德，以期追根究柢，直探病源。

2 元、亨、利、貞的解釋，並非因人而異，而是具有很大彈性，可以從不同的角度加以理解。「元」是開始，由於開始之前，大多經過一番的努力，做好充分的準備，因此往往能夠亨通，也就是現代所說的榮景。一片榮景所產生的利，才是真正的關鍵所在。沒有利害關係，人類自然和平相處；一旦利害當前，情況便十分緊張，即使引起爭訟也不足為奇。「貞」即為正，表示真利、正利、美利，才是合理的利，也就是與義會通、義利相濟的利。也只有正利，才能夠順利地貞下起元，而生生不息。

3 現代人相信知識，認為「知識即力量」，利用知識來提升生產力和競爭力。十八世紀末工業革命以後，科技主導人類文化的發展，短短一兩百年，便超過工業革命發生以前一兩千年的變動。科技發展，一方面為人類社會帶來進步與繁榮；另一方面，也衍生出許多非常嚴重、並非科技自身所能解決的問題。如果可能解決，早就動手了，怎麼會愈拖愈嚴重呢？現代若干國家已經明文規定科技發展，必須合乎人類的生存利益，否則就要依法禁止。但是仍有某些國家以科技掛帥，不問後果。何況祕密研究發展，也是防不勝防。

4 若能按照離卦（䷝）的現象，將人類文明的發展過程，做出一番深切省思，應該可以找出化解的要領。茲詳述如下：

初九爻辭：履錯然。敬之，无咎（ㄨˊ ㄐㄧㄡˋ）。

啟示我們：人類文明的發展，由遠古開始，都是從「嘗試錯誤」著手，難免有方向不明、步履錯亂的象。必須敬慎從事，以防迷失方向，才能无咎。

象辭曰：履錯之敬，以辟咎也。

只要憑良心，朝人類生活有益的方向邁進，即使有一些缺失，也不致造成嚴重的後遺症，所以无咎。

六二爻辭：黃離元吉。

六二是離卦的卦主，居中普照，構成全卦的文明氣象。「離」的意思是附著。「黃」象徵中和性。卦象上下通明，六二居下卦中位，又能附著於原來本有的公正性與合理性，所以大可吉祥。

象辭曰：黃離元吉，得中道也。

意思是文明發展，不能偏離中道，才能吉順。

九三爻辭：日昃之離。不鼓缶而歌，則大耋之嗟，凶。

日過午為昃，六二如果代表工業革命，能保持柔和中正而為人類生活謀求正利，得中道而元吉，令人振奮。電腦問世之後，科技發展便有如過午的太陽般，逐漸西移。「不鼓缶而歌」，表示歌者不與樂器配合，便隨興高歌。「大耋」的意思是老大，「大耋之嗟」告訴我們：好不容易發現六二這樣合乎中道的文明發展，竟然經不起考驗。到了九三，電腦問世之際，便如夕陽那樣，逐漸偏離中道，實在令大老傷心感嘆，因為凶象已經出現了。

象辭曰：日昃之離，何可久也。

人類漫無節制，聽任電腦控制科技，滅亡的危機，已臨近了！這樣的文明，當然不可能長久。

九四爻辭：實如其來如，焚如，死如，棄如。

最近我們所遭遇的變化，確實像九四爻辭所說的：文明附著於科技，結果卻燒毀了文明。種種突如其來的變化，譬如氣候異常、災難頻傳、海水高漲、物種消失、病變增多，令人產生引火焚身、等待死亡、被人遺棄的不祥感。科學家剛開始還不肯也不敢承認已經闖下大禍，後來不得不承認：科技有如魔鬼，給人類一些甜頭，就反過來要人類的命。

人類的處境，請看**六五爻辭**：「**出涕沱若，戚嗟若，吉。**」痛哭流涕，怨天尤人，憂傷悲戚，感嘆不已。這樣怎麼會吉呢？因為**象辭曰**：「**六五之吉，離王公也。**」「王」指六五本身，而「公」則為上九，「離」是附著的意思。六五是現代人類的狀況，上九則是古老易理的中道。若是能將兩者附著在一起，透過中道來挽救現代人類的危機，自然順吉。

上九爻辭：王用出征，有嘉折首，獲匪其醜，无咎。

上九陽剛，果敢有為，基於勤王的需要而出征，大獲全勝。只殺元凶，並不拘捕其附從的同類。能恢復太平基業，卻不濫殺無辜，所以无咎。

我們不能完全抹殺科技的貢獻（也不可能），也不應該全面禁止科技的發展，我們所能做的是請出易理，將科技發展的元凶斬殺。易理自身也不趁機造反，搶奪科技的地盤。因為**象辭曰**：「**王用出征，以正邦也。**」這一次把易理請出來，是為了以光明消滅黑暗，求得人類文明的正常發展。

5 易理的要旨，在「致中和」，也就是前面所說的中道。「中」這個字，是從陰陽兩儀的圖騰演變而成。天地間各種變化，都離不開陰陽的交易和互動。宇宙間兩兩相對，相生相長，時時求得靜而時中，動即和諧。只要合乎化成萬物的致中和要求，即為中道。不幸的是，人好像天生具有偏道的傾向。做任何事情，非做到過分，猶如「語不驚人死不休」般。最好的辦法，便是把「離」卦和「坎」卦合而觀之，逐爻比對，就會從中得到許多助益。

離卦初九的「錯然」，和坎卦初六「陷入難以自拔的漩渦」，前者无咎，而後者凶。從事科技研究和應用的人士，唯有慎、敬，力求合理，才可以无咎。否則便有如不諳水性，卻掉入漩渦中的旱鴨子般，當然十分凶險。

離卦六二的「居中普照」，和坎卦九二的「小心謹慎，凡事大處著眼，小處著手」，同樣是得中道的良好效果。科技發展合理化，必然是得道多助的不二法門。

離卦九三的「日昃」，和坎卦六三的「愈陷愈深」，都在警惕科技發展不可驕傲自大、自以為是。否則勢必有如夕陽那樣，很快落入西方，並且愈落愈深。

離卦九四的「突如其來」，和坎卦六四的「誠信」，前者無所容身，而後者終將安全脫險。提供科技發展在初向偏道、有所傾斜時的兩種選擇。依離卦九四則自焚焚人，按坎卦六四，盡心竭力謀求解救，終能无咎。

離卦六五的「出涕」，和坎卦九五的「不驕」，都由於具有先見之明，知道天助己助者，唯有人類自求多福，才能「自天祐之，吉无不利」。

離卦上九的「出征」，和坎卦上六的「陷險愈深」，剛好形成對比，表示人類知道易學可以化解當前的文明危機，卻由於離為火，愈上面受烤愈熱而提高警覺；坎為水，愈接近水面愈覺輕鬆，似乎脫險在即，以致大意失道，反而掉落深處而凶。

三、將現有普世價值合理化

人是觀念的動物，具有什麼樣的觀念，便會產生什麼樣的行為態度。而具有什麼樣的行為態度，也就造成什麼樣的關係，因而產生什麼樣的效果。現有的普世價值，長久以來，透過不斷的宣示和教導，已經成為現代人的共同觀念，特別是知識分子更是如此。但由於具體的效果，已經證明這些普世價值顯然出現偏差，並不符合二十一世紀的需要，有必要加以調整。然而，若要調整普世價值，豈非茲事體大？恐怕要花上好幾萬年！但若是依據易理的中道思維，應該是說改就能改，而且大家不會不贊同。因為「中道」就是合理化，我們可以將現有普世價值，或前或後，分別加上「合理」兩個字。譬如「宗教自由」，改成「合理宗教自由」；「言論自由」，同樣改成「合理言論自由」，豈非十分方便，能有理由不贊成嗎？

合理的創造發明，有助於文明發展；合理的全球化，可以減少本土化的抗爭；合理的縮短貧富差距，當然減少社會問題；合理的和平發展，恐怖氣氛將隨之降低；合理的宗教自由，有利於正教的教化；合理的仁智並重、義利兼顧，必然普受大眾歡迎。將現有普世價值合理化，並沒有文化戰爭的疑慮。合理評核媒體產品，對教育正常化十分有益；合理的維持個別差異，能符合多元化的需求；合理使用電腦，能幫助人類更有效率地運用大腦，必然是好事一樁。

然而什麼才是合理？不免又將引起爭論。因為各有不同背景，各持不同見解，如何能建立共同的標準呢？答案是：本來就不應該求其一致。《易經》乾卦（☰）〈彖傳〉指出：「保合大和，萬國咸寧。」地球村應該保持「和而不同」、「求同存異」、「大同之中包容小異」，才能真正達到萬國同享太平的全球化目標。

四、慎防成也易經敗也易經的流弊

《易經》由於被視為占卜之書，因而避過秦火，實在是人類的大幸。然而，《易經》也因此遭受了莫大的曲解，很多人認為《易經》的主要功能即在占卜、算命、看風水。多少名為「易經哲學大師」者，對易理的大用，完全不能體會，致使《易經》流於小用，實在是現代人類很大的不幸。

我們不否認占卜、算命、看風水，是《易經》的功能之一。但是不能由於這些小用，淹沒了《易經》真正的大用。《易經》的大用，就是能夠應用在大事方面，對二十一世紀人類的重大難題提出指引，並提供合理的解決方法。

首先，我們必須正本清源。還原《易經》的真面目，以減少大家心中的疑慮：如此古老的東西，怎麼能夠化解現代的難題？是不是太一廂情願，過分牽強附會呢？

不論伏羲氏畫八卦，是個人或集體創作；也不論伏羲氏畫八卦，原來的用意是什麼？《易經》被當作占卜的工具，應該是順理成章的發展。但是，孔子提出「敬鬼神而遠之」的原則，主張「不占而已矣！」從易理的闡揚，逐漸提升《易經》的大用功能。其間受到政治的干擾，難免產生扭曲的現象，譬如〈繫辭上傳〉記載「天尊地卑，乾坤定矣」，「天尊地卑」應該是形態上的差異，站在人的立場，天高高在上，而地則可以被踩在腳底下。後來被扭曲為貴賤的價值判斷，做為重男輕女的論據，實在非常不合理。各卦爻辭，出現「吉、凶、悔、吝（ㄌㄧㄣˋ）、无咎（ㄨˊ ㄐㄧㄡˋ）」，經常被當做「鐵口直斷」的用語。而實際上《易經》所揭示的吉、凶，則是依一定條件，能夠由人來加以轉化。主要關鍵仍在當事人身上，仍然以人為主，可以合理地趨吉避凶。以乾卦（☰）為例，九三无咎，是以「日夜警惕戒懼」為條件，做得到便能无咎，做不到當然不可能无咎。九四无咎，條件是「或躍在淵」，倘若所蓄積的陽剛不足，騰躍不上去，必有禍害。上九有悔，條件是「高亢」，一味亢進便有悔，如果適可而止，怎麼可能有悔呢？

我們常說乾卦是《易經》的第一卦，其實應該修正為「乾坤」兩卦，並列為《易經》第一卦。因為單獨看乾卦，有很多地方看不明白。單獨看坤卦，也是不夠清楚。而且乾卦之中有陰柔的隱含，坤卦中也有陽剛的潛伏，這才符合「陽中有陰、陰中有陽」的規律。正如男性的身體，也有女性荷爾蒙；而女性體內，同樣有男性荷爾蒙，這是與生俱來的。

當年王弼掃象，引起很大的爭議。我們現在正本清源，對象、數、理、占都加以尊重。我們只是依據中道的標準，以合理化的原則，來好好闡揚易理。唯有如此，才符合現代化的要求，也比較方便翻譯成各國語言，使全世界都有機會接觸這樣的中道思維，以滿足國際化的需求。儘管《易經》的枝葉早已經延伸到海外，造成很大的影響，但是，不合理的部分，如果不加以澄清，縱使大家熱心研究，也看不出對二十一世紀將產生如上所述，如此重大的影響力。

「易為群經之始」，在我中華民族歷史上，起源最早，影響也最為廣泛。綜觀幾千年來的演變，可以說中華民族的興衰，與《易經》具有十分密切的關係。如果說「興也《易經》，衰也《易經》」，應該並不過分。治易學者，務須謹守「元、亨、利、貞」四德，明辨易理，把握陰陽在動態中平衡的精神，以期對二十一世紀人類克服種種艱難險阻，做出良好的貢獻。

五、結語與建議

《易經》是象數理的統稱。「象」為氣化的象，譬如氣象；「數」是氣化的數，譬如氣數；而「理」則是氣化的理，譬如我們常說的理氣。一氣運行，便有形象可見。由於程度不同，時有變化，即有其數。變化有必然的規律，也就是理。象數理的連鎖，不但是科學的，也是藝術的，同時又是哲學的，更是倫理道德的。致廣大盡精微，無所不包，也無所不備。如果缺乏整體的領悟，難免會以偏概全，各執一偏。

現代科學家重視系統的顯秩序與隱秩序的變化，實際上也就是陰陽的交易與互動。認為「三」是大自然最基本的奇偶組合數，兩個「上夸克」與一個「下夸克」可以合成一個「質子」；兩個「下夸克」與一個「上夸克」可以合成「中子」。「夸克」（quark）意謂「能量流」，而上與下即為陰與陽，證明了八卦的模式，符合大自然的基本組合。科學愈發達，就愈能證實易理的正當性與實用性。

〈繫辭上傳〉說：「夫易，聖人之所以極深而研幾也。」「極深」是研究極為深奧，「研幾」則是從「動之微」著手。古聖先賢，似乎早已明白：事情的變化、物體的運動，莫不從隱微狀態開始，然後才由微而顯。但是，過去只著重整體變化的結果，現在我們有了科學的幫助，也應該建立微分的概念，加強定量的分析。

黃帝、堯舜時代，由於人口很少，思想單純，生活簡易，因而倫理道德的水平很高。現代人類卻由於科技進步，物質文明發達，精神文明低落，表現出陰氣漸長，陽氣漸消的情形，這對人類來說，是一種嚴重的警示，必須倫理、科學兼顧並重，才能防患於未然。

長久以來，我們把《易經》僵化了，以致頑固不靈，失去其應有的作用。科技發展，又使得現代以西方文化為主的普世價值也僵化了，失去了普遍性和合理性。由此可見，「偏道傾向」是人類的共性，如何及早恢復中道思維，已成為當務之急。

茲提出以下三點建議，敬請指教參考：

第一、人普遍相當主觀，不可能完全客觀。我們建議以持平的心態，放棄堅硬的框架，更加彈性地解說《易經》。因為易有「變易」，也有「不易」，更有「交易」。要做到簡易，必須賦予更大的彈性，才能發揮《易經》的真正功能。

第二、以經解經，是很好的方式，然而時過境遷，有些文字已經不再使用，加以當時的情況，實在難以明白表示，因此辭句隱晦，而且彼此之間多不相涉。歷來各家解釋，又使人看不明白，所以最好能盡量採用現代通行的字句，重新加以解說，以資普及，引發更多人士參與。

第三、天地人鬼神，本來就存在於宇宙間，但由於鬼神迄今仍屬隱而不現的部分，因此只能敬而遠之。敬神如神在，同時還要尊重個人抉擇。我們把「天地人」當做顯秩序，將「鬼神」看成隱秩序，也就是科學家所說的「一隻看不見的手」。這一隻看不見的手，和《易經》的「積善之家必有餘慶，積不善之家必有餘殃」，具有十分密切的關係。

易道的廣大，可以通達顯秩序和隱秩序而無所不知。顯秩序的通達變化，稱為事態；而隱秩序的變化不測，便是神妙。顯秩序以智能為主，隱秩序以倫理為重。現代人類重智能而輕視倫理，難免失調而有所偏，最好能夠兩者並重，先從自己做起，以理智指導情感。人人自覺、自重、自律，以提高自主的尊嚴。

解讀
易經的奧祕
21世紀
最淺白有趣的
易經入門書
本系列叢書為大陸熱銷超過500萬本

解讀
易經的奧祕
21世紀
最淺白有趣的
易經入門書
本系列叢書為大陸熱銷超過500萬本